大学生人文精神培育
及其策略研究

方建华　李　瑛　李凯琳　著

中国原子能出版社

图书在版编目（CIP）数据

大学生人文精神培育及其策略研究 / 方建华，李瑛，李凯琳著. -- 北京 : 中国原子能出版社，2024. 11.

ISBN 978-7-5221-3871-8

Ⅰ . G640

中国国家版本馆 CIP 数据核字第 2024SP9105 号

大学生人文精神培育及其策略研究

出版发行	中国原子能出版社（北京市海淀区阜成路 43 号　100048）	
责任编辑	陈　喆	
责任印制	赵　明	
印　　刷	北京天恒嘉业印刷有限公司	
经　　销	全国新华书店	
开　　本	787 mm×1092 mm　1/16	
印　　张	14.5	
字　　数	206 千字	
版　　次	2024 年 11 月第 1 版　2024 年 11 月第 1 次印刷	
书　　号	ISBN 978-7-5221-3871-8	**定　价　87.00 元**

发行电话：010-88828678

前　言

　　在当今社会快速发展的背景下，教育不仅承载着传授知识的重任，更肩负着塑造灵魂、培育人文精神的历史使命。大学生作为国家的未来和民族的希望，其人文精神的培育显得尤为重要。然而，在科技迅猛发展的今天，人文精神的培养在某种程度上被边缘化，这引发了人们对教育本质的深刻反思。

　　基于此，本书以《大学生人文精神培育及其策略研究》为题，旨在探讨如何在新的时代背景下，有效培育大学生的人文精神，以引导他们成为具有深厚人文素养、广阔国际视野和强烈社会责任感的时代新人。本书内容广泛而深入，从人文精神的理论来源、核心要义及要素出发，系统梳理了大学生人文精神培育的文化根基和理论支撑。我们深入挖掘了马克思主义人学思想的启迪、中华传统文化对人文精神的塑造，以及西方文化视角下的人文精神解读，为大学生人文精神培育提供了丰富的思想资源和理论支撑。同时，本书还从环境塑造、学术课程以及社会实践等多个角度，全面探讨了大学生人文精神培育的实践路径和策略。我们分析了建筑与景观、校园文化在人文环境塑造中的作用，探讨了学术讲座、通识教育在人文精神培育中的关键作用，并提出了深化人文社科实践教学、促进社会实践与志愿服务融合、构建校企合作的人文教育平台等具体策略。

　　本书注重理论与实践的紧密结合，既深入剖析了人文精神的理论内涵，又紧密结合了大学生人文精神培育的实际需求。采用通俗易懂的语言，对复

杂的人文精神培育理论进行了深入浅出的阐述，使读者能够轻松掌握相关知识和方法。

　　本书在写作的过程中得到许多专家学者的指导和帮助，在此表示诚挚的谢意。书中所涉及的内容难免有疏漏与不够严谨之处，希望读者和专家批评指正。

目　录

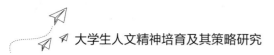

第一章　人文精神概论

第一节　人文精神的理论来源

人文精神的概念由来已久，但是在不同的时代、不同社会背景和不同的文化影响下，其内涵和特征也在不断地发展变化。人文精神的理论来源是多方面的，可以从历史、文化、哲学等多个角度进行探讨。

一、人文精神的历史背景

人文精神在古代哲学文化中，最初是一个浑然的整体，对世界本体和宇宙万物穷根究底的追问，既是一种准科学的探索，又是一种诠释道德根据、追寻人的生存价值或意义的理性思考①。人文精神的历史背景可以追溯至不同的文化与历史发展阶段，每一个时期都在特定的社会、政治、经济和文化背景下对这一思想进行塑造与演进。人文精神作为关注人类价值、尊严、自由和创造力的理念，体现出对人的本质的深刻思考以及对人类潜能的崇高期待。这一精神的发展并非直线，而是伴随着人类社会的复杂历史进程不断进行调整和深化。各个历史时期对人文精神的不同理解与强调，揭示了社会如何在特定历史条件下应对人类个体与群体之间的张力，并在此过程中塑造出新的价值观和思想体系。

---

① 张敏. 现代视野中人文精神的建构［M］. 南昌：江西人民出版社，2017：11.

（一）古代时期：早期思想的萌芽与价值探索

人文精神的萌芽可以追溯到古代文明的早期发展。在这一时期，社会逐渐从部落式的集体生活向更为复杂的城邦和国家形态过渡，人与自然的关系、个体与集体的关系，以及道德与政治秩序的问题逐渐浮现。思想家们通过哲学、宗教和文学等形式探讨了人与世界的关系，并初步确立了对人的价值和尊严的认识。这一时期的哲学反思侧重于人类社会秩序的建立、道德规范的探讨，以及人的思想和情感的表达，奠定了人文精神的基础。

在社会形态日益复杂的背景下，个人的自由意志和道德选择成为思想探讨的重要议题。这不仅体现了人类个体意识的觉醒，还体现了人类对自我价值和生命意义的追求。尽管这一时期的思想探索仍在很大程度上与宗教、政治权威紧密相连，但其中包含的对个体价值的初步肯定，为后来的人文精神的发展提供了重要的思想资源。

（二）中世纪时期：宗教与精神生活的主导

中世纪是人文精神在历史进程中的一个复杂阶段。在这一时期，宗教成为统治思想和文化的核心，人的价值与宗教教义和神圣秩序密不可分。虽然中世纪时期的思想往往带有宗教色彩，强调神的至高无上和人类的顺从，但与此同时，关于人的灵魂和精神生活的探讨依然在这一时期得到了进一步发展。

中世纪哲学家们通过宗教的视角反思人类的本质与终极意义，探讨了人类的道德责任、自由意志和精神生活的内在价值。在这种背景下，人文精神的发展表现为对个体精神世界的重视，以及对人类与超自然力量之间关系的探讨。虽然这一时期的人文精神受到宗教的约束，但其中个人精神生活的重视仍然为后来的思想家提供了思想资源。

（三）文艺复兴时期：人文精神的复兴与解放

文艺复兴时期标志着人文精神的全面复兴和发展。在这一历史时期，思想家们重新发现和重视古代的哲学和文化传统，特别是对个体价值的肯定和自由思想的追求。文艺复兴时期的文化氛围充满了对人类理性的信心和对个体创造力的尊重。人文主义者强调人类的理性、自由和尊严，主张通过教育和文化的力量来提升个体与社会。

在这一时期，人文精神的核心在于对个体能力和创造力的高度赞美，并通过艺术、科学和哲学等不同领域的进步来展现人类的无限潜能。人类不再被视为宗教教义的附属，而是作为具有独立意志和价值的个体，被赋予了在世界上实现自身价值的权利。文艺复兴时期的人文精神不仅体现在哲学思想中，还通过文学、艺术和科学的发展得到了广泛的传播与体现。这一时期的思想家强调通过理性和实践来掌控世界，推动了社会和文化的进步，并对后来的社会变革产生了深远的影响。

（四）启蒙时期：理性主义与普遍人性

启蒙时期进一步深化了人文精神的核心价值观，特别是对人类理性的强调和对普遍人性的追求。这一时期的思想家提倡理性主义，主张通过理性的力量来推动社会进步和人类解放。他们认为，每个人都拥有普遍的理性，并且通过这一理性，人类可以实现自由、平等和正义的理想。

启蒙时期的人文精神不仅关注个体的价值和自由，还强调通过理性和科学的方法来改善社会结构，提升人类的福祉。在这一背景下，社会契约、权利、法律等概念得到了进一步的讨论和发展，成为人类社会和政治变革的重要理论基础。启蒙思想家的努力不仅限于思想领域，还影响了当时的社会制度、法律体系以及政治实践，推动了人类历史上重大变革的实现。

（五）现代时期：多元化与全球化的挑战

进入现代时期，人文精神在全球化和多元化的背景下，面临着新的挑战和机遇。现代社会的快速变化、科技的飞速发展以及文化的多元化，使得人文精神的内涵更加丰富且复杂。现代思想家在面对全球性问题时，继续探索

人类在科学技术、经济发展和文化交流中的位置与角色，并在这一过程中重新定义了人文精神的核心。

现代时期的人文精神强调对多样性、包容性以及全球共同利益的关注，特别是在全球化日益加深的背景下，个体与社会、民族与世界的关系变得更加复杂。思想家们在探讨全球化带来的文化、社会和政治问题的同时，继续坚持对人类自由、尊严和价值的尊重，并通过不同的社会、文化和政治实践，努力实现人类命运共同体的和谐发展。

与此同时，科技进步带来的挑战也促使人文精神在新的社会背景下进行反思与调整。在现代社会中，科学技术的飞速发展不仅带来了巨大的经济和社会变革，还引发了关于人类本质、道德责任和技术与人性关系的广泛讨论。在这一背景下，现代人文精神通过对科技、伦理和人类未来的思考，进一步深化了对人类价值与尊严的理解。

（六）后现代时期：批判与重构

在后现代思想的影响下，人文精神进入了一个批判与重构的阶段。后现代时期的思想家对传统的理性主义和普遍主义提出了质疑，强调了知识、权力和文化之间的复杂关系。人文精神在这一时期的讨论中，更多地关注文化差异、权力结构以及社会不公等问题，并试图通过对这些问题的批判性思考来重新构建对人的价值的理解。

后现代时期的人文精神不再仅仅是对理性和普遍人性的追求，而是通过多样化的视角来探讨人类社会中的复杂现象。通过对文化多样性、性别平等、环境保护等议题的关注，人文精神的内涵得到了进一步的拓展和丰富。同时，后现代思想家还强调通过批判性反思来解构传统的社会权力结构和文化规范，促进社会的公平与公正。这一时期的人文精神虽然面临着诸多挑战，但在全球化和信息化的背景下，继续发挥着塑造社会与文化的关键作用。通过对人类自由、平等、尊严和创造力的持续关注，人文精神在后现代社会中为全球社会的和谐与发展提供了重要的思想基础。

二、人文精神的文化积淀

人文精神的文化积淀是一个长期的历史过程，涵盖了多个文明的文化、哲学、伦理和社会价值观的发展。通过对东西方文化的相互借鉴和交流，人文精神逐渐融合并丰富，形成了更为多元化和普遍性的思想体系。这一文化积淀不仅体现在思想与观念的传承与发展上，还表现在人类历史进程中对于自由、尊严、道德责任以及社会和谐的持续追求。

（一）文化积淀的多元性与广泛性

人文精神的形成和发展依赖于深厚的文化积淀，不同文明的文化传统都对这一思想体系贡献了独特的元素。文化积淀可以理解为一个文明或社会长期积累的价值观念、思维方式、行为规范以及文化符号系统。这些文化要素不仅塑造了个体的思想和行为，也在社会结构和政治制度中得到了不同程度的体现。人文精神作为一种强调人类自由、尊严和创造力的理念，正是在不同文化的长期积累中逐渐演变和扩展。

东西方文化在人文精神的积淀中各自贡献了不同的思想资源。西方文化以其强调个体自由、理性和民主的思想传统为人文精神提供了深刻的伦理基础。东方文化则以其注重和谐、集体主义和自然的哲学观念丰富了人文精神的内涵。这种文化积淀的多元性使得人文精神在不同历史时期和社会背景下得以发展，并通过文化的相互交流和融合，逐渐形成了一种全球性的人类价值体系。

文化积淀的广泛性体现在其对人类社会各个领域的深刻影响。无论是哲学、宗教、文学，还是艺术和科学领域，文化积淀都在塑造人类思维和行为方式方面起到了关键作用。人文精神的积淀不仅是对个体价值的认可和强调，还包括了对人类社会整体福祉的关注。因此，文化积淀在人文精神的发展过程中扮演着不可或缺的角色，使得这一思想体系不仅具有人类学意义，还具有社会学和伦理学层面的深远影响。

（二）东西方文化对人文精神的互补性

人文精神的文化积淀并非单一的线性发展，而是在东西方文化的相互交流和借鉴中不断丰富和完善。东西方文化在其发展过程中各自形成了独特的思想传统，这些传统在面对共同的人类问题时表现出了各自的优势与局限。然而，正是这种差异性为人文精神提供了新的视角和动力，使得这一思想体系在全球化的背景下焕发出新的生机。

东方文化以其注重自然与人、个体与集体之间的和谐关系为特征，强调通过内在修养和外在行为的统一来实现个体与社会的共同发展。这种文化积淀为人文精神注入了对自然、社会秩序以及人类内心世界的深刻思考。而西方文化则更加注重个体自由、理性思考和自我实现，强调通过个人的努力和创造力来推动社会进步。这两种文化的互补性使得人文精神在面对复杂的社会问题时，能够从不同的角度进行分析和解决。

通过东西方文化的互补性，人文精神得以超越单一的文化视角，形成了一种包容性更强的价值体系。这种文化上的交融不仅使得人文精神在全球范围内得到了广泛传播和认同，也为现代社会面对的全球性挑战提供了新的解决路径。在当代世界中，东西方文化的相互借鉴和交流不仅促进了人文精神的进一步发展，也为解决人类共同面临的问题提供了丰富的思想资源。

（三）全球化背景下的文化积淀与人文精神的扩展

全球化进程加速了不同文化之间的交流与碰撞，在这一过程中，东西方文化的相互影响不仅深化了彼此对人类共同价值的理解，也推动了人文精神的扩展与升华。全球化不仅是经济和技术层面的整合，还是一种思想和文化的互动和融合。在全球化的背景下，人类社会的共同命运使得文化积淀中的人文精神越来越具备普遍性和全球性。

全球化为人文精神的发展提供了新的历史契机。现代社会中，人类面临着一系列复杂的全球性问题，如环境保护、社会公正、科技伦理等。这些问题超越了单一文化或国家的边界，要求全球范围内的思想交流与合作。在这一背景下，东西方文化通过全球化的交流互鉴，为人文精神的进一步发展提供了新的视角和理论基础。

全球化不仅推动了文化积淀的多元化发展，还在一定程度上打破了传统的文化壁垒，使得不同文化在思想交流中相互借鉴和融合。在这一过程中，人文精神通过吸收和整合不同文化的思想精髓，逐渐形成了一种跨文化的普遍价值体系。这种价值体系不仅关注个体的自由与尊严，还强调了社会的公平与和谐，从而为解决全球性问题提供了思想上的支持。

（四）文化积淀在人文精神实践中的作用

人文精神的文化积淀不仅体现在思想体系中，还通过实践层面得以具体展现。文化积淀作为一种内在的思想和价值储备，在人类社会的实践活动中发挥着至关重要的作用。人文精神作为文化积淀的产物，不仅在社会制度、法律体系、教育体系中得到了体现，还通过人类的日常行为、道德规范和社会交往方式展现出来。

文化积淀通过社会实践的形式，进一步推动了人文精神在不同历史时期和社会背景下的演变与发展。在实践层面，人文精神通过教育、文化传承、艺术创作等形式得以具体化。社会制度、法律体系和教育体制作为文化积淀的具体表现，既是人文精神的产物，也是推动其进一步发展的重要力量。

文化积淀在人文精神的实践中表现为对个体与社会关系的深刻理解和对人类自由与尊严的持续追求。人文精神通过制度设计、社会规范和文化活动的形式，促进了社会的公平、正义与和谐发展。文化积淀在人文精神的实践中不仅提供了思想资源，还为具体的社会实践活动提供了理论指导。

（五）人文精神文化积淀的当代意义

在当代社会中，人文精神的文化积淀依然发挥着重要作用，并且在人类面对新的社会挑战时展现出了强大的适应性和延展性。全球化、科技进步以

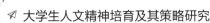

及社会变革使得人类社会进入了一个高度互联的时代。在这个背景下，文化积淀中的人文精神不仅为社会的稳定与和谐发展提供了思想基础，还为人类社会应对新的挑战提供了理论支持。

现代社会中，文化积淀所承载的人文精神不仅关注个体的权利与自由，还关注集体的和谐与共同发展。这种关注既包括对个体自由与创造力的尊重，也包括对社会公平与正义的追求。文化积淀使得人文精神在面对全球性问题时，能够从多个角度进行思考，并通过文化的传承与创新为解决这些问题提供新的解决方案。

人文精神的文化积淀在当代社会中的意义还体现在其对文化多样性与全球共同利益的关注。在全球化的背景下，不同文化之间的交流与合作变得更加频繁，文化多样性成为人类社会发展的重要特征。人文精神的文化积淀通过强调对不同文化的尊重与包容，为全球社会的和谐与发展提供了思想支持。

文化积淀不仅是人类历史的产物，更是人类未来发展的基础。在当代社会中，人文精神的文化积淀继续通过教育、文化传播和社会实践影响着人类的思想与行为。随着全球化的深入，文化积淀中的人文精神将继续通过文化的相互交流与融合，为人类社会的共同发展贡献智慧与力量。

三、人文精神的哲学基础

人文精神的哲学基础根植于对人类存在的深刻思考与对自由、尊严、道德责任等核心价值的关注。通过哲学的不同流派和思想体系，人文精神的内涵得到了丰富与扩展，其基础不单局限于某一文化传统或历史时期，而是在人类思维不断深化的过程中，形成了广泛而多元的理论体系。这种哲学基础不仅为人文精神奠定了理论根基，还为其在不同社会、文化背景下的实践提供了思想支持。

（一）哲学基础中的人性观

人文精神的哲学基础首先体现在对人性的认识与肯定。哲学思想长期以来一直致力于探讨人类的本质，认为人类区别于其他存在的独特性在于其自我意识、思维能力以及创造性。这种对人性的认知成为人文精神的基石，使得个体在面对外在世界时，能够意识到自身的独立性和能动性。哲学对人性的讨论不仅涉及个体在社会中的位置，还涉及其内在的道德责任与精神追求。

通过对人性本质的深入探讨，哲学揭示了人类作为主体在世界中的重要地位。人文精神强调个体的自主性和内在价值，认为每个人都具备自由选择和塑造自身命运的能力。这种哲学基础为人文精神提供了强大的理论支撑，使得个体能够通过内在的理性思考和外在的社会实践，去实现自身的价值和潜能。哲学对于人性的探讨不仅是理论层面的思考，也是人类社会实践的重要指导原则。

（二）自由与责任的哲学思考

自由与责任作为人文精神的核心理念，同样在哲学基础上得到了广泛探讨。哲学强调个体在追求自由时必须同时承担相应的责任，这种责任不仅针对个体自身，还涉及社会和他人。哲学为人文精神中的自由观念提供了深刻的理论诠释，认为自由不仅是外在环境中的选择空间，更是一种内在的道德自由，即个体能够根据理性和良知作出符合自身价值和社会责任的决定。

自由与责任的哲学基础不仅为人文精神赋予了伦理维度，还通过思考个体与社会的关系，强调了自由与共同体福祉的平衡。哲学认为，真正的自由不只是个人利益的追求，还应体现为对社会的积极贡献和对他人的尊重。这种思考为人文精神中的社会责任感提供理论依据，使得人类在追求自我实现的过程中，能够同时关注集体的利益和社会的和谐发展。

（三）存在与意义的哲学追问

人文精神的哲学基础不仅限于对个体自由与责任的探讨，还涉及对人类存在意义的追问。哲学在长期的发展过程中，不断深入研究人类存在的本质

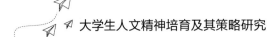

和意义，揭示了人类在面对世界时所产生的复杂情感与思维过程。存在的哲学问题不仅关乎个体的生存状况，还涉及其精神世界的丰富性和深度。

对存在与意义的哲学追问为人文精神的深化提供了新的思想维度。哲学认为，人类不仅是物质世界中的一个存在体，还具有精神层面的需求和追求。在这一层面，人类通过思考自身存在的意义，逐渐形成了对自由、尊严、道德责任的深刻理解。哲学为人文精神提供了一个开放的思想空间，使得个体能够在不断追问自身与世界的关系时，找到生命的意义和价值。

（四）理性与感性的平衡

人文精神的哲学基础不仅强调理性的重要性，还关注感性在个体体验和社会互动中的作用。哲学认为，理性是人类认识世界、解决问题的关键工具，而感性则是个体在与世界互动时的直接体验和情感反应。人文精神通过哲学对理性与感性的平衡探索，强调了在思考问题时既需要严谨的逻辑推理，也要保留对美好、善良、同情等感性价值的关注。

理性与感性的平衡为人文精神中的人性维度提供了更加丰富的内涵。哲学揭示了理性与感性在个体道德判断和社会行为中的双重作用，认为只有通过理性与感性的结合，个体才能在复杂的社会环境中做出真正符合人类价值的决策。哲学基础中的这种思考为人文精神赋予了更为全面的视角，使得个体能够在面对问题时既具备严谨的理性分析能力，也保持对人类情感和价值的深刻理解。

（五）道德哲学与人文精神

道德哲学是人文精神的重要基础之一，涉及对善与恶、正义与不义的深刻思考。哲学通过对道德问题的讨论，建立了人文精神中的伦理框架，使得个体能够在社会互动中遵循一定的道德原则。道德哲学不仅关注个体的道德行为，还涉及社会结构中的正义与公平问题。通过哲学的道德理论，人文精神得以在伦理层面获得更加全面的解释和支持。

道德哲学强调个体在社会中应具备的道德责任感，认为每个人都应该通过自身的道德实践来促进社会的和谐与公平。哲学基础中的道德理论为人文精神提供了清晰的价值导向，使得个体在追求自由与自我实现的同时，能够关注他人和社会的福祉。道德哲学在人文精神的发展过程中发挥了关键作用，使得这一思想体系不仅注重个体的内在价值，还强调了个体对社会的道德责任。

（六）人文精神中的社会契约与哲学基础

人文精神的哲学基础不仅涉及个体的自由与责任，还包含了对社会契约的思考。哲学认为，社会契约是个体在集体生活中的行为准则，代表了个体与社会之间的相互责任。通过对社会契约的哲学探讨，人文精神强调了社会秩序与个体自由之间的平衡，认为个体在享受自由的同时，也需要遵守社会的基本规则和道德规范。

社会契约的哲学基础为人文精神中的社会责任感提供了理论依据。哲学认为，社会契约不仅是维持社会秩序的工具，还体现了人类社会共同体的基本价值。通过遵守社会契约，个体不仅能够实现自身的自由与尊严，还能够为社会的和谐与公平作出贡献。这种哲学思考为人文精神中的集体主义和社会责任感提供了深刻的理论支持，使得个体在追求自我价值的同时，能够关注社会整体的福祉。

（七）人文精神的未来哲学基础

随着社会的不断发展，人文精神的哲学基础也在不断演变与扩展。哲学在未来将继续为人文精神提供新的思想资源，使其能够应对现代社会中的复杂挑战。现代科技的发展、全球化的加速推进，以及社会结构的不断变化，给人文精神的哲学基础带来了新的思考方向。哲学将在这些变化中继续探讨个体与社会的关系、自由与责任的平衡，以及人类存在的意义与价值。

未来的哲学基础将更加注重人类社会的整体发展与个体的内在自由之

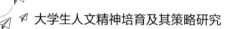

间的互动。在这一背景下，人文精神的哲学基础将继续通过对社会正义、道德责任、科技伦理等问题的深入探讨，推动人类社会的进步与和谐发展。哲学为人文精神提供的深刻思考将继续引导个体在复杂的社会环境中找到自身的位置，并通过道德实践和社会责任实现自身的价值。

四、人文精神的社会科学研究

人文精神的社会科学研究具有广泛而深远的意义，它不仅涉及人类社会的结构与行为，还深入探讨了人类心理、文化、政治等多方面的内在规律与外在表现。通过多学科的交叉研究，社会科学为人文精神提供了丰富的理论框架和研究方法，使其在不同社会环境中的具体实践与表现得以更好的理解与诠释。人文精神在社会科学的视野中，不再仅仅是哲学上的思辨或理论的讨论，而是通过实证研究和理论探讨，成为一套具有实际应用价值的概念体系。

（一）心理学与人文精神的交叉研究

心理学作为一门研究个体心理和行为的科学，为人文精神提供了重要的理论支持。心理学的研究揭示了个体心理的内在动力，情感、动机、需求等心理过程与人文精神的表现息息相关。通过对这些心理机制的深入分析，心理学为理解人类行为背后的动因提供了科学依据，从而使得人文精神在个体层面得以更为精确地诠释。心理学的研究还揭示了个体如何通过自身的心理过程进行自我认知和价值判断，这与人文精神中对个体尊严和价值的强调高度契合。

在人文精神的研究中，心理学不仅关注个体的心理发展，还探讨了心理健康与社会文化的相互作用。心理学揭示了个体的心理需求与社会环境的关联性，认为心理健康的实现是个体与社会环境和谐共存的重要体现。在这一视角下，人文精神的核心价值观，如自由、平等、尊重等，不仅在理论上具有重要意义，还通过心理学的实证研究得到了进一步的验证和支持。这种交叉研究为人文精神的发展提供了更为科学的基础，特别是在个体与社会互动的过程中，心理学揭示了人文精神如何通过行为表现和心理过程得以实现。

（二）社会学对人文精神的深入探讨

社会学作为研究人类社会行为及其结构的科学，对人文精神的研究具有深远的影响。社会学从宏观和微观两个层面探讨了人类社会的组织方式及其对个体行为的影响，揭示了人文精神在社会结构中的功能与意义。社会学通过对社会制度、文化规范、社会角色等方面的研究，深入探讨了个体如何在社会中进行自我认同和价值实现，这与人文精神中的个体自由和社会责任的理念高度一致。

在社会学的研究视野中，人文精神不仅是个人自由与权利的体现，还涉及社会集体的责任与合作。通过对社会结构的分析，社会学揭示了人文精神如何在不同的社会形态中发挥作用，并通过社会制度和文化的传承，促进社会的整体发展与和谐。社会学强调社会变迁与个体行为的相互关系，揭示了人文精神在现代社会转型中的关键作用，特别是在面对全球化、科技发展、文化多样性等挑战时，社会学为理解和应对这些问题提供了理论支持。

社会学研究中的一个核心问题是个体与社会的关系。人文精神强调个体的独立性与自我实现，而社会学则通过实证研究揭示了个体在社会结构中的位置，以及社会对个体行为的影响。这种双向互动使得人文精神在社会学的研究中得以更为系统地探讨。社会学通过对社会互动、文化习俗、社会规范等的研究，阐明了个体如何在社会中找到自己的位置，如何通过社会角色的扮演实现自我价值。这些研究成果不仅深化了人们对人文精神的理解，还为社会政策的制定提供了理论依据。

（三）文化学与人文精神的相互交融

文化学作为研究人类文化现象的学科，广泛关注文化在社会中的作用和意义。文化学通过对文化符号、仪式、价值观等方面的分析，揭示了文化对

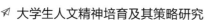
个体行为和社会结构的深刻影响。这一研究领域与人文精神的研究紧密相连，因为文化是人类精神世界的具体表现形式，也是人文精神在不同社会中得以传承和发展的重要载体。

文化学的研究强调文化的多样性与共同性，认为尽管不同文化体系中存在差异，但人类基本的价值观和精神追求是具有一定共通性的。这一观点为人文精神的全球化研究提供了理论支持，使其不仅仅局限于特定文化背景下的探讨，而是在更广泛的文化背景中得以理解和传播。文化学通过研究文化的动态变化，揭示了人文精神如何在不同历史时期和社会环境中得到不断更新和发展，这使得人文精神在现代社会的表现形式更加多元化和富有活力。

文化学还关注文化的传承与创新，认为文化的传承不仅是静态的历史积淀，更是一种动态的社会实践。这一观点与人文精神的内涵相一致，强调了个体在文化传承中的主动性和创造性。通过文化学的研究，人文精神在社会中得以更为深刻地理解与应用，特别是在全球化背景下，文化的交融与碰撞为人文精神的发展提供了新的动力和挑战。文化学为人文精神的研究提供了一个跨文化的视角，使得人类在面对多样性文化时，能够通过共同的精神追求找到共鸣与理解。

（四）政治学中的人文精神研究

政治学作为研究社会权力结构和政治行为的学科，对人文精神的研究具有重要意义。人文精神中的自由、平等、尊严等核心理念与政治学的核心研究领域密切相关。政治学通过对权力分配、制度设计、社会公正等问题的探讨，为人文精神的理论发展提供了重要的参考。

在人文精神的研究中，政治学揭示了制度对个体自由与权利的保障作用。政治学通过对不同政治制度的比较研究，探讨了如何通过合理的制度设计，促进社会的公平与正义，实现个体的自由与尊严。这种研究不仅涉及政治制度的设计与运行，还包括对社会公正与公平的深入探讨。政治学为人文精神提供了一个重要的制度性框架，使其能够在不同社会形态中得到具体体现与实现。

政治学还关注个体在政治体系中的参与和表达，认为人文精神的实现需要通过积极的政治参与和社会互动得以实现。政治学通过对公民权利、政治参与、公共政策等问题的研究，揭示了个体如何通过参与社会治理，实现自身的价值和社会责任。这种研究为人文精神的实践提供了重要的理论依据，使得个体不仅能够在社会中实现自我价值，还能够通过积极的政治参与，为社会的整体福祉作出贡献。

（五）人类学与人文精神的多元性探讨

人类学作为研究人类社会和文化的学科，通过对不同文化和社会结构的深入研究，揭示了人类社会的多样性与共通性。人类学通过实地研究与文化比较，探索了不同社会中人文精神的表现形式与内在规律。这种研究为理解人文精神的多元性提供了重要的视角，特别是在面对全球化带来的文化多样性时，人类学为人文精神的研究提供了更为广阔的理论框架。

人类学强调个体与文化的互动，认为文化是个体行为和社会结构的深层基础。通过对不同社会中的文化现象的分析，人类学揭示了人类在追求自由、平等、尊严等价值观时，所面临的不同挑战与机遇。这种跨文化的研究为人文精神的理解提供了新的视角，使其能够在多样化的社会环境中得以更好地实现与发展。

人类学还关注文化的变迁与适应，认为文化不是静止不变的，而是在不断适应环境和社会变化的过程中进行调整与发展。通过这一视角，人类学揭示了人文精神如何在不同历史阶段和社会背景下发生变化，并通过文化的不断创新与适应，保持其内在的生命力。这一研究为人文精神的动态发展提供了理论支持，使其能够在面对现代社会的复杂挑战时，保持其核心价值不变。

（六）社会科学研究的整体意义

社会科学的多学科交叉研究为人文精神提供了广泛而深入的理论支持。

通过心理学、社会学、文化学、政治学和人类学等学科的共同探讨，人文精神得以在不同的社会和文化背景中得到更为全面的理解和诠释。这些学科通过对个体与社会、文化与制度、自由与责任等问题的深入研究，为人文精神的研究提供了更加丰富的理论框架和实证基础。在这些研究的基础上，人文精神不仅作为哲学层面的抽象概念得到了深刻的阐释，还通过具体的社会科学研究成果展现了其在不同社会形态和文化背景中的实际应用。

第二节 人文精神的核心要义及要素

人文精神是由人类历史发展中积淀的优秀文化成果凝聚而成的、关注人类本身存在意义和发展目标的文化精神。人文精神是推动人类文明发展的精神文化动力，展现了人类对真善美的永恒追求，对生命意义的思索，对宇宙法则的探求，以及特有的对自身的关怀，是人类不断提升、发展和超越自身的内在动力。

一、人文精神的核心要义

人文精神的核心要义是学术界长期探讨的焦点之一，其内涵和外延不断随着社会的进步和文化的演变而发展。尽管关于人文精神的界定在不同时代、不同文化背景下有所不同，但其本质依然可以从多个角度加以分析。从文化传统、哲学价值、道德修养等不同维度，人文精神不仅体现出对人类社会发展过程中的核心价值观念的思考，更彰显了其在人类文明传承中的重要性。

从文化的视角，人文精神首先体现为一种对文化传承与发展过程中的精髓的深刻认知。文化作为人类社会发展的核心要素之一，承载了人类历史中的精神积淀与智慧的传承。而在人文精神的内涵中，文化不仅是知识和技能的传播，它更多地体现为一种通过文化表达的思想和信仰。人文精神关注人类社会中人与人之间的关系，反映了人与社会、人与文化之间相互作用的复杂性。在这一层面上，人文精神是人类通过历史积淀而形成的对世界的认知和对自身存在价值的追问，是人类文明发展的动力源泉。

人文精神也具有深刻的哲学维度。它不仅是一种文化现象，更是一种对人类存在意义的终极关怀。在哲学层面，人文精神强调对人类命运的关注，尤其是对人的终极价值、生命意义、存在本质的思考。哲学的核心关怀在人文精神中得到了充分的体现，特别是关于人的自由、尊严与权利等问题的深入探讨，使得人文精神成为引导人类社会不断向前发展的精神动力。通过对人类存在问题的深入思索，人文精神推动了人类思想的进步，也为社会发展提供了精神上的支撑。

人文精神的核心内涵还在于其对道德价值的高度关注。在道德层面，人文精神通过对伦理规范的提炼，强调了个人在社会生活中的责任和义务。它不仅强调个体道德修养的提升，还关注社会整体的道德环境的构建。人文精神所倡导的道德观念，根植于人与自然、人与社会、人与自身之间的协调关系之中。人文精神并不仅局限于个体的道德修养，它更关注通过道德教化来提升整个社会的道德水准，最终实现社会的和谐共存。

人文精神还蕴含着对价值原则的追求。在人文精神的价值体系中，追求自由、平等与正义是其核心目标。自由作为人类社会的基本权利，意味着每一个个体都应当拥有自主选择生活方式的权利；平等则意味着每一个个体在社会中都应当享有同等的尊重与机会；而正义则强调社会制度应当在维护公平的基础上，为每一个人提供公平的生存与发展环境。这些价值观念构成人文精神的核心支柱，并推动着人类社会在追求公正和谐的进程中不断前行。

从人本主义的角度来看，人文精神特别强调对个体的尊重与关怀。人作为一切社会活动的主体，是人文精神的核心关切点。人文精神在这一层面上所展现出的关怀，不仅体现在对人的物质生活的改善上，更加关注人的精神需求的满足。通过对个体精神世界的关注，人文精神展现出其对人的全面发展的关注，力图在物质文明的进步与精神文明的升华之间实现平衡。人文精

神所倡导的人本主义，主张通过尊重人的价值与尊严，来实现人类社会的共同进步。

人文精神还表现为对终极关怀的不断追寻。这一层面的人文精神更多地体现在对人生存意义、生命价值以及人类命运等问题的深刻思索之中。人类自古以来就不断追寻生命的终极意义，而人文精神则是这一追寻过程中的重要体现。它不仅关注人类在现实生活中的价值与意义，更将目光投向了超越现实世界的终极关怀。在这一过程中，人文精神体现出一种深刻的形而上学关怀，为人类提供了一个超越物质世界的精神支撑。

综合来看，人文精神的核心要义是对人类生存意义的终极追求。这一追求贯穿于文化、哲学、道德、价值和终极关怀等多个维度之中，体现了人类在历史发展过程中对于自身存在的深刻思考。人文精神不仅是人类文明发展的推动力，也是社会进步的精神动力。它通过对人类命运、社会关系以及个体价值的关怀，推动着社会的不断发展与进步。正是在这一过程中，人文精神成为了人类社会中不可或缺的精神力量，为人类社会的繁荣与进步提供了不竭的动力。

人文精神不仅是对个体生活意义的深刻反思，也是一种对整个社会发展方向的思考与把握。它通过强调人类在社会中的主体性地位，提出了以人为本的发展观念。这种观念不仅强调个体的全面发展，还主张通过关注个体的需求与利益，来推动社会的整体进步。在全球化时代，人文精神的内涵也在不断发展和扩展。随着全球各地文明的相互交流与融合，人文精神的内涵在全球范围内趋向一致，并逐渐成为推动世界各国社会进步的重要力量。

当代人文精神的一个重要特征在于其全球化的视野。全球化使得各个国家和民族的文化逐渐交融，进而促使人文精神从一个地域性概念发展为具有全球共识的价值观念。人文精神不再局限于某一特定民族或文化的范畴，而是成为人类共同的精神财富。全球化进程中的人文精神强调了不同民族和文化之间的相互理解与尊重，呼吁在多元文化背景下，建立起一种平等和谐的全球价值体系。

求真、求善、求美是当代人文精神的三大支柱。求真体现为人类对科学知识与真理的不断追求，它不仅涉及对自然世界的探索，还包括对社会发展规律的把握。求善则体现在人类道德意识的提升，通过追求善良与正义，实现人与人、人与社会、人与自然之间的和谐共处。求美则展现了人类对艺术与审美的高度追求，通过创造与创新，丰富了人类的精神世界。求真、求善、求美的统一构成了人文精神的核心价值体系，并成为引领人类社会不断进步的力量。

总之，人文精神的核心要义在于其对人类终极价值的关注。它不仅是对人类社会发展规律的深刻思考，也是对个体生命意义的终极关怀。在全球化背景下，人文精神的内涵随着社会的进步而不断丰富，成为人类共同的精神财富。通过对真理、善良与美的追求，人文精神推动着人类社会的不断进步，并为人类文明的持续发展提供了不竭的精神动力。

二、"人"是人文精神的核心要素

在人文精神的探讨中，"人"作为核心要素无疑具有不可替代的地位。无论是从历史发展还是文化传承的角度考察，"人"始终是人文精神构建的起点与归宿。从哲学到社会实践，"人"在各类意识形态和学术理论的框架内，都是不可或缺的核心概念。通过对人的价值、意义、存在状态的深入探讨，人文精神的内核得以不断深化，并且推动了对自我认知、社会伦理以及人类与自然关系的进一步探索。

人文精神是对人本质的关怀和探求。这种关怀不仅涉及对个体生存状态的反思，还涉及对人类整体在历史长河中的地位与作用的考察。历史的进程表明，人作为社会主体的存在，赋予了人类社会以文化、经济和政治的动力。没有人的存在与行动，任何形式的文化发展和历史进步都无从谈起。由此可见，人不仅是人文精神的核心，也是历史与社会发展的源泉。在不同历史阶段，尽管人文精神的表现形式有所变化，但其核心始终未曾改变，即对人的存在状态、思想自由和精神价值的探讨与维护。另外，"人"作为人文精神

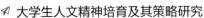

的核心要素，表现为对个体尊严、自由和幸福的追求。人文精神不仅要求尊重人的生存权利，还倡导对个体自由意志的尊重，推动"人"的全面发展。在这一框架内，"人"的价值不仅体现在物质层面的满足，还包括精神层面的提升。通过对人类存在意义的深刻思考，人文精神的探索超越了纯粹的物质关怀，转向对人类心灵和精神世界的探索。对于个体而言，精神上的追求和实现自我价值是人文精神的核心关注点之一。

从认知角度来看，"人"通过对自然和社会的认知，构建了人与外部世界的关系。认知的过程不仅是对外部事物的观察和理解，更是自我意识的觉醒和提升。在与自然的互动中，"人"得以认识自我，发现自己的局限性和潜力。通过这一过程，"人"不仅构建了对自然的理解，还对自我的存在状态进行了深入反思。认知过程中的这种双向关系，使得人类在探索世界的同时，也在不断探索自身的价值和意义。

实践作为人类活动的重要组成部分，与人文精神的核心要素息息相关。实践不仅是人类改造世界的手段，更是人类实现自我价值的重要方式。在实践过程中，"人"通过劳动和创造活动，不仅改变了自然和社会环境，也进一步实现了自我价值的提升。实践活动的意义在于它不仅体现了"人"的主体性，还展示了"人"在物质世界和精神世界中的双重作用。在这一过程中，"人"通过实践与世界建立了紧密的联系，同时也通过实践活动体现了人文精神的核心关怀，即对人类自由和尊严的追求。

与此同时，人的存在不仅仅是个体层面的，还包括群体和社会层面的存在。人与社会的关系在人文精神的讨论中占据了重要地位。社会并不是一个独立于个体之外的实体，而是由无数个体组成的复杂网络。在社会发展过程中，人的主体性发挥着决定性的作用。人文精神通过强调人的主体性，推动了社会的进步和变革。无论是社会制度的演进，还是文化价值的重塑，都源于对人的主体性的认识和尊重。因此，社会发展过程中的任何进步，都可以视为对人文精神的不断实践和完善。

在美学领域，"人"通过艺术创作和审美活动，进一步提升了自身的精神境界。艺术作为人类表达自我、反映内心世界的重要方式，在人文精神的发展中发挥了独特作用。通过艺术，"人"不仅展示了对自然与社会的认知，还体现了对自我价值的探索与肯定。在审美活动中，"人"通过对美的追求和体验，深化了对自我和世界的理解。艺术创作的过程本质上是一种精神上的升华，它不仅是对外部世界的反映，更是对内在精神世界的呈现。

人的主体性在道德和伦理讨论中同样具有关键意义。道德的形成和发展与人的社会性紧密相关，而伦理则是人类社会维系和谐与稳定的基础。在这一框架内，人文精神通过强调对人本身的关怀，推动了道德和伦理的发展。通过对人类尊严和自由的维护，人文精神不仅为个体的行为提供了价值依据，还为社会的整体道德构建提供了理论支持。伦理学作为哲学的一部分，其核心在于探讨人与人之间的关系，而这一关系的核心则是对个体尊严和自由的尊重。

人类历史的演进无不体现出对"人"这一核心要素的持续探索。从远古的神话到现代的科学与哲学，"人"始终是文化与思想的中心。每一次思想的突破和社会的进步，都是对人的价值的进一步肯定。人文精神通过对人的存在状态和价值的持续反思，不断推动着人类文明的发展。在这一过程中，"人"不仅是人文精神的受益者，也是其创造者。正是因为人的存在，历史得以延续，文化得以传承。

当代社会的发展更加凸显了"人"作为人文精神核心要素的地位。随着科技的进步和全球化进程的加速，"人"在现代社会中面临着前所未有的挑战与机遇。人文精神在这一背景下，不仅要回应这些挑战，还要为人的全面发展提供新的理论和实践依据。通过对"人"的关注，人文精神不仅推动了社会的进步，还为全球化背景下的人类发展提供了新的路径。

三、人文精神中的社会取向

人文精神的社会取向在于对个体与社会的相互关系的深刻理解，这种关系体现在个体在社会中扮演的角色，以及社会在塑造个体道德、思想和行为

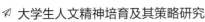

方面的作用。人文精神所追求的目标之一是实现个人与社会之间的和谐，而这种和谐不仅仅局限于个体的自由与权利的保障，还在于个体通过参与社会生活、贡献自身力量来推动社会进步，并且在这一过程中，个体自身的道德和思想得到升华。

个体作为社会的组成部分，其存在本身即是社会结构的反映。个体并非孤立存在，而是通过社会关系网与他人联系在一起。人文精神的社会取向强调个体不仅是生物学意义上的生命体，更是具有社会属性的存在。个体的价值在很大程度上是通过其在社会中的作用和贡献来体现的。人文精神鼓励个体参与社会活动，在社会中实现自我价值，同时通过与他人的互动提升个人的道德修养和认知能力。社会为个体提供了一个实现自我超越的舞台，而个体的行动则在不同层面上影响着社会的演进与发展。

社会通过各种制度和文化对个体进行约束和规范，这种规范不仅是法律层面的，更涉及道德、习俗和价值观的层面。

人文精神的社会取向体现了社会对个体的塑造功能，社会不仅为个体提供了行为规范，还为个体的思想和价值体系提供了参考框架。个体的成长和发展不可避免地受到社会的影响，人们的道德观、价值观以及人生目标都在社会生活的实践中逐渐形成和巩固。因此，社会通过其复杂的文化、法律和道德体系，引导个体走向更高的道德境界，并为社会的稳定和进步创造条件。

人文精神的社会取向强调了个体对社会的责任感和义务。个体并非仅仅是社会的受益者，也是社会的建设者。通过履行个人责任和义务，个体为社会的繁荣和稳定作出贡献。人文精神不仅倡导个人的权利和自由，同时也要求个体在享有这些权利和自由的同时，承担起对社会的责任。责任感是人文精神的重要组成部分，它促使个体在社会中表现出道德的自觉性，并通过自身的行为为社会的进步和和谐贡献力量。这种责任感不仅表现在个体对他人和社会整体的关怀上，还体现在个体对社会规范和公共利益的维护上。

人文精神的社会取向是人文精神所追求的"真善美"理念在社会层面的实现。人文精神不仅是对个体道德和思想的关注，同时也是对社会正义、和谐和进步的追求。一个社会若要实现真正的人文精神，就必须在制度、文化和道德层面上实现"真善美"的统一。社会通过一系列的机制，如教育、法律和文化传承，推动个体向善，并促进社会整体的文明进步。个体在社会中的角色不仅是接受者，还是积极的创造者。人文精神所强调的社会责任感促使个体在追求个人幸福的同时，不忘为社会的共同利益和发展作出贡献。

人文精神的社会取向不仅关乎个体与社会之间的直接互动，还涉及更为宏观的社会结构和历史进程。历史上，社会的演进往往伴随着人文精神的升华和深化。社会制度的变化、文化传统的革新、道德标准的演进，都是人文精神在社会取向中的表现形式。在不同的历史阶段，人们对社会的理解、对个人与社会关系的认知，也在不断发展。通过对社会历史进程的分析，可以看到人文精神如何在不同时期体现出其社会取向，并在推动社会进步的过程中起到重要作用。

人文精神的社会取向涉及对社会正义的关注。社会正义是人文精神的核心追求之一，它体现了个体与社会之间的平衡与和谐。社会正义不仅指向法律和制度的公正性，更包括了社会对个体权利的尊重和保障。在人文精神的框架下，社会正义要求社会为每一个个体提供公平的机会和条件，使个体能够在社会中平等地追求幸福和发展。这种平等不仅体现在法律层面，也体现在社会资源的分配、机会的提供和文化的传承等方面。通过实现社会正义，人文精神的社会取向得以在现实社会中得到具体体现。

人文精神的社会取向涉及全球化背景下的个体与社会的关系。全球化使得个体的社会属性不再局限于一个国家或地区，个体的行为和思想也在全球范围内产生影响。在这种背景下，人文精神的社会取向需要进一步扩展到全球社会的层面。个体不仅要承担对本地社会的责任，还要关心全球社会的发展和未来。人文精神要求个体在全球化的背景下，以更加宽广的视野和胸怀看待社会责任和道德义务，关注全球性问题，如环境保护、贫富差距、社会公正等。这种全球视野下的社会取向是人文精神在当代背景下的重要体现。

人文精神的社会取向包含了对未来社会的理想追求。人文精神不仅关心当下的社会现实，还注重未来社会的发展方向。通过对未来社会的构想和实践，人文精神试图推动社会向更加理想的状态发展。这种理想状态不仅体现在物质的富足上，更在于道德的提升和人性的完善。通过人文精神的不断探索和追求，社会得以在思想、道德和文化层面不断进步，最终实现个体与社会的共同提升。

四、人文精神中的道德取向

在人文精神的核心探讨中，道德取向是对"善"的探索与实践的关键方面。道德的存在不仅仅是关于个人与社会之间的关系，它更是对人类存在本质的深入思考，是人类思想演化和社会共识的结果。在这一背景下，道德作为一种社会意识形态，表现出强烈的人文精神色彩，而这种色彩主要体现在个人与社会的互动以及对"善"的追求中。

道德在人文精神中的地位可以追溯至人类早期对生命价值和社会责任的认知。道德规范从个人行为出发，逐渐扩展为群体共识，体现了个体在社会中的角色和责任。而人文精神则从根本上关注道德在社会结构中的作用，关注道德规范如何影响并塑造人类社会的和谐与秩序。可以认为，道德取向是一种追求"善"的力量，它不仅是个人行为的准则，更是社会共识的体现，是个人与群体之间的一种隐形契约。这个契约通过共同的价值观和道德观念维系，推动社会的进步与发展。

在古代哲学的框架中，人与道德的关系得到了深入的探讨。哲学家们认为，道德不仅是社会规则的集合，它更是内在的心灵指引，是人类天性的一部分。道德的追求不仅是对个人利益的约束，更是为了实现个人与社会的和谐统一。道德的根本目标在于实现人类与社会的"善"之状态，这种状态既包括个体自由的保障，也包括集体福祉的追求。道德通过个体行为的自我约束，实现了人与人之间、人与社会之间的平衡。这种平衡不仅维护了社会秩序，也使个体在社会中获得了存在的意义和价值。

在人文精神的道德取向中，伦理学派通过对个人与群体关系的思考，形成了对道德的不同解读。道德不仅被视为一种约束力量，同时也被视为人类追求幸福与自由的手段。在这种思想的框架下，个体与群体之间的契约关系成为了道德的基础。通过这种契约，个人自愿放弃某些自由以换取社会的安全和秩序，而社会则通过道德规范保障了个体的基本权利。这种互惠的契约精神不仅反映了人文精神的核心理念，也为现代社会的道德体系提供了理论依据。

同时，道德取向在人文精神中的体现还表现在对个人自由与社会责任的平衡上。人类社会的进步往往依赖于个体的自由与创新，但这种自由并非绝对的，而是需要在社会责任的框架内进行。道德在此扮演了调和个人自由与社会责任之间冲突的角色。通过道德规范，个体的行为被引导至有利于社会整体利益的方向，同时也保障了个体在社会中的基本权利。这种平衡不仅是社会稳定的基础，也是个人幸福与社会福祉的重要保障。

人文精神的道德取向在古代思想中得到了具体体现。道德规范不仅是社会稳定的工具，也是实现社会理想的重要手段。在这一框架下，社会成员通过道德规范的约束，逐渐形成了对个人与社会关系的理解。这种理解不仅推动了个体的自我完善，也促进了社会的进步与和谐。道德作为一种社会意识形态，其目的在于实现个体与社会的共同利益。人类社会的发展离不开道德的引导，而道德作为人文精神的重要组成部分，其意义在于引导社会走向"善"的理想状态。

随着社会的发展，道德的取向也逐渐发生变化。早期的道德观念更多关注个体在社会中的地位和责任，而现代的道德观念则更多关注个体的权利与自由。人文精神在这一过程中发挥了重要作用，它不仅引导了社会道德的变革，也为个体自由与社会责任的平衡提供了理论支持。通过人文精神的引导，道德取向逐渐从强调个体的社会责任转向关注个体的自由与权利。这种转变不仅反映了社会结构的变化，也体现了人类思想的进步。

在人文精神的道德取向中，个人与社会之间的关系得到了深刻的阐述。道德规范不仅约束了个人的行为，也为社会提供了发展的动力。通过道德的

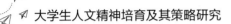

引导，个体的行为被引导至有利于社会整体利益的方向，而社会则通过保障个体的基本权利来维持自身的稳定与发展。这种互惠的关系不仅是人文精神的体现，也是社会进步的重要动力。

总体而言，道德在人文精神中的取向反映了人类对"善"的追求与探索。通过道德的引导，社会得以实现和谐与进步，而个体则在社会中获得了存在的意义与价值。道德作为人文精神的重要组成部分，其意义不仅在于约束个人的行为，更在于推动社会的发展与进步。在这一过程中，道德的作用不仅体现在个体与社会的关系上，也体现在个体自我完善与社会理想的实现上。通过道德的引导，人类社会得以逐渐走向"善"的理想状态，而这一过程正是人文精神的核心体现。

在人文精神的框架中，道德取向并非静止不变的，它随着社会的发展和个体思想的进步而不断演化。通过对道德的探索，人类逐渐形成了对个体与社会关系的理解，并通过道德规范推动了社会的进步与和谐。人文精神在这一过程中发挥了重要作用，它不仅引导了个体行为的规范，也为社会的和谐发展提供了理论支持。通过道德的引导，个体与社会之间的关系得以协调，而社会也在道德的引导下逐步实现了进步与发展。

五、人文精神中的价值指向

人文精神中的价值指向是关于人类自我认识和存在意义的探讨，它不仅涉及个体与社会的关系，还关乎社会发展和人的全面发展。作为人类文化的核心，人文精神表达了对人类理想状态的追求，其价值指向在于通过审视个体价值和社会价值，建立起一个和谐、平衡的人类社会秩序。通过对真善美的探究，人类的思想和行为模式被不断塑造，从而构建出理性和伦理的社会体系。

人文精神的核心关注在于个体与社会之间的互动，社会价值的体现是通过个体对集体的贡献而形成的。在这种视角下，个人的行为不仅是为了自身的利益，还包含了对社会整体的责任和义务。这种责任感使人类在构建社会结构时，能够考虑到集体的利益，实现人与社会的协调发展。社会价值是个体价值的外在表现形式，是个人在实践活动中通过满足社会需求所产生的正向效应。这种价值指向凸显了个人在社会体系中的角色定位，即通过贡献和责任来体现社会的和谐与进步。

个人价值的意义则更多地体现在个体对自我需求的满足和自我实现中。它包括个体在社会中所获得的尊重、自由与幸福。人文精神中的个人价值不仅关注个体在社会中的地位，还强调个人的尊严与内在需求的满足。通过实现自我价值，个体不仅能够获得社会的认可，也能在精神层面上获得满足与归属感。个体通过对真善美的追求，能够实现思想上的升华，并从中感受到精神上的自由与解放。这种自我实现的价值过程，是人文精神中个人价值的核心表达方式。

在理想社会的构建过程中，人文精神的价值指向表现为对人类存在价值的终极关怀。这种关怀不仅体现在个体对社会的贡献，也体现在社会对个体权益的尊重与维护。通过建立一个公平、正义的社会体系，个体和集体的价值能够得到平衡发展。社会为个体提供自由、尊重和机会，而个体则通过自律和责任感推动社会的进步。人文精神中的价值指向是基于这种双向互动的框架，在实现个体与社会的共同发展的过程中，人类社会得以在和谐的基础上实现可持续进步。

人文精神的价值追求不仅是物质层面的满足，更是精神层面的升华。物质财富固然可以提供暂时的满足，但这种满足往往是短暂而虚幻的。当物质财富成为人类追求的唯一目标时，社会的整体价值观将陷入拜金主义和消费主义的误区。这种价值观的偏移不仅会导致个体的精神空虚，还会破坏社会的道德秩序。人文精神的核心价值指向在于引导个体超越物质的追求，关注自身内在的精神需求，通过追求真善美，实现个体与社会的共同升华。在这一过程中，人类通过对自身的反思，不断调整与世界的关系。人类作为高级智慧生物，具备通过思维和认知能力，超越动物本能的局限，主动改造自然

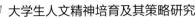

和社会的潜力。通过对物质世界和精神世界的再创造，人类不仅实现了对自然的主宰，还通过文化和思想的传承，推动了社会的进步。人类的思想和行为通过人文精神的导向，逐渐向善意、理性和创造性转变。这种转变不仅是个人价值的体现，更是社会价值的彰显。

从人类历史的角度来看，人文精神中的价值指向贯穿了不同历史时期的思想演进。无论是在古代哲学的体系中，还是在现代思想的框架下，人文精神始终以人类为中心，通过探索人的存在意义来推动社会的进步。历史的发展证明，个体与社会的平衡是人类文明得以延续的重要前提。在这一过程中，个体的自由与尊严得到了社会的认可，社会的和谐与进步也得到了个体的推动。通过这种互相成就的模式，人文精神的价值指向在历史的长河中不断深化和升华。

现代社会中的人文精神更加注重个体的自由与社会的公平。这种价值指向强调个人与社会的相互依存，要求社会在发展过程中能够为个体提供更大的自由空间，以便实现人的全面发展。同时，个体也需要通过自我反思，承担起对社会的责任和义务。在这个框架下，人类的思想和行为被引导向更加理性、更加公正的方向发展，从而推动社会整体的进步。人文精神中的价值指向在现代社会的表现，正是通过这种个体与社会的双向互动，推动着人类文明的不断进步。

在总结人文精神中的价值指向时，可以发现其核心在于人类对真善美的不断追求。通过这种追求，个体能够实现自身的价值，社会能够实现和谐发展。人文精神的价值指向并非单一的个体主义或集体主义，而是一种平衡的价值观，既注重个体的需求，又关注社会的整体利益。这种平衡的价值指向，使得人类能够在追求自由、尊严与幸福的过程中，实现思想的升华与精神的解放。

人文精神的价值指向还表现在对个体和社会的终极关怀中。通过对个体自由、尊严的重视，人文精神引导社会走向更加公平、正义的方向。在这一过程中，个体的创造力与社会的和谐得到充分展现，社会的进步与个人的幸福相辅相成，共同推动人类文明的持续发展。通过这种相互成就的模式，人类不仅能够实现对自然的主宰，还能通过文化和思想的传承，推动人类社会走向更加理性、更加美好的未来。

总之，人文精神中的价值指向是一种对于人类理想社会与个体发展的深刻关怀。它通过对个体与社会的双向互动，实现了社会的和谐与个体的自由。在追求真善美的过程中，人类得以超越物质的局限，走向思想的升华与精神的解放。这种价值指向不仅是人类文明的动力，也是推动社会进步与个人发展的关键因素。通过这种价值指向，人类社会能够在不断变革中实现自我完善，最终走向理想中的美好社会。

第三节　人文精神的相关概念辨析

人文精神概念的析出是一个较为漫长的过程，并且在不同历史发展阶段，一些词语曾经与人文精神的概念相互涵盖或贴近，因而对相关概念进行辨析将有助于加强对人文精神理论的进一步理解。

一、人文精神与人本主义、人道主义

人文精神作为实践意识积淀的追求自由的主体意识，是最基本的社会价值观念[①]。人本主义、人道主义与人文精神有着难以割断的历史渊源。人本主义强调生命本质显现出来的人生的意义；人道主义偏向于人的悲悯和同理之心；人文精神则强调人类所创造出来的各种文化精神。因此，可以说人文精神是更大的概念，它涵盖了前面两者，人本主义和人道主义都反映和体现了人文精神的重要方面。

---

① 陈新汉. 社会自我批判中的人文精神［J］. 江西社会科学，2020，40（12）：5-13.

（一）人文精神与人本主义

人文精神与人本主义之间的关系深刻且复杂，二者在哲学、社会及文化层面上相互交织，构成了现代人类思维的重要基础。人文精神作为一种文化和思想的表现，强调人的主体性、尊严与价值，其核心在于对人的存在、意义与发展的全面关注。人本主义则是这一精神在哲学上的具体体现，倡导以人为本，强调个体在社会中的作用及其自我实现的可能性。二者在理论和实践的交融中，构建了对人的全面理解，促进了社会的进步与人类的全面发展。

人文精神的本质在于关注人作为一个完整的个体，其独特性和多样性。人文精神承认每个人在自身发展过程中所具备的内在价值，认为每个人的生命体验都具有其不可替代性。这种价值观促使人们在思想与行为上追求更高的理想，进而形成对社会的积极贡献。人文精神不仅仅是对个体尊严的认可，更是对人类命运共同体的关怀。在这一框架下，个体的自我实现被视为社会发展的重要动力。人文精神强调通过教育、文化和艺术等途径提升个体的综合素养，以推动社会的整体进步。

人本主义理论强调个体的主动性和能动性，认为人不仅是被动的存在者，更是自我创造和自我实现的主体。这一思想主张每个人都有能力为自己的生活和社会环境负责，能够通过自我反思与选择来决定自身的行为与发展方向。人本主义的根本在于对人的尊重，承认人作为独立个体在社会中所发挥的创造性与影响力。人本主义者提倡，个体在追求自身利益的同时，也应承担起对社会的责任，通过个人的成长与发展推动社会的和谐与进步。

人文精神与人本主义的结合，促进了对教育的重新审视。人本主义教育理念倡导以学生为中心，强调学生的自主性和参与感，关注其心理发展与情感需求。这一教育理念促使教育工作者关注每个学生的独特性，创造适合其发展的环境，从而提高教育的有效性与针对性。人文精神在教育实践中的体现，不仅体现在知识的传授上，更在于培养学生的道德观念、价值观和社会责任感，以促进其全面发展。

在人文精神与人本主义的影响下，现代社会逐渐形成了更加人性化的价值取向。在经济、文化、科技等各个领域，关注人的发展与尊严成为一种共识。人本主义强调人的中心地位，推动了社会政策的调整与发展，促进了社会公平与正义的实现。这一转变不仅有助于解决社会问题，也为构建和谐社会提供了重要的理论支持。

（二）人文精神与人道主义

人文精神与人道主义在思想史上具有密切的联系，二者相辅相成，构成了现代社会对个体与群体价值的深刻理解。人文精神强调人的尊严、理性和自我实现，倡导个体的内在价值，而人道主义则是在此基础上，进一步探讨人与人之间的关系及其对社会的责任，致力于推动人类共同福祉的实现。这种联系不仅在历史发展中逐步显现，更在当代社会的道德、文化和教育层面发挥着重要作用。

人文精神的核心在于对人的深刻理解与尊重。人文精神认为每个人都具备独特的价值与尊严，这种价值并非源自外在的社会地位或物质财富，而是来自于每个人作为理性存在者的本质。通过对个体的尊重与理解，人文精神鼓励每个人追求自我实现与内心的充实。此种思想强调了个人在社会中的主体地位，使得个体不仅仅是社会结构中的一部分，更是社会发展和文化进步的推动者。

人道主义的产生与发展是在尊重个体价值的基础上，进一步关注人与人之间的相互关系。人道主义强调人的社会性，倡导在处理人际关系时应秉持尊重、理解与同情的原则。这一思想主张，个体的幸福与发展不仅是自身的责任，也是整个社会的共同责任。人道主义鼓励人们超越自我，关注他人的处境，提倡对弱势群体的关怀与支持。这种关注不仅体现了对个体尊严的肯定，也反映了对社会公平与正义的追求。

人文精神与人道主义的结合，促使社会在道德与伦理层面不断演进。人道主义的倡导为社会带来了更高的道德标准，使得人们在日常生活中更加关

注人际关系的和谐与社会责任的履行。人道主义的理念不仅在慈善事业、社会服务和公共政策等领域得到体现，更在文化教育、心理健康等方面发挥着积极作用。通过倡导互助、友爱与合作的精神，人道主义在推动社会进步与个体发展的过程中，成为一种不可或缺的价值导向。

在人文精神的影响下，现代教育理念也逐渐转向以学生为中心，强调培养学生的自主性与创造性。这一转变不仅体现了对学生个体价值的尊重，更是人道主义精神在教育领域的延伸。教育者关注每个学生的独特性，致力于创造适合其发展的环境，帮助学生实现自我价值。人道主义的教育理念使得学生在知识获取的同时，也培养了对社会的责任感和关怀他人的意识，从而促进其全面发展。

人文精神与人道主义的内在联系还体现在对社会发展的深远影响上。随着社会的不断发展与变迁，个体价值的实现与社会进步之间的关系愈发紧密。人道主义的价值观促进了对社会问题的关注，引导人们关注那些处于边缘地位的群体，强调改善社会弱势群体的生活条件与生存环境。这一过程不仅提高了社会的整体道德水平，也推动了社会的进步与和谐。

二、人文精神与科学精神

人文精神与科学精神在学术探讨中一直是一个颇具争议的话题，尤其是在界定两者关系的过程中。人文精神主要关注人类的价值、文化和社会关系，而科学精神则强调对客观现实的探索与理解。虽然这两者在核心理念和价值取向上存在差异，但它们之间并非完全对立，而是呈现出相互影响、互为补充的关系。

科学精神源于人类对自然界及其规律的探索，它强调理性思考和实证方法，追求知识的客观性和普遍性。科学精神的形成过程与人类社会的历史发展密切相关。从古代自然哲学的萌芽到现代科学的建立，科学精神经历了不断演化和完善的过程。科学不仅关注事物的表象，更重视背后的因果关系及其内在逻辑，力求揭示宇宙的奥秘。科学精神要求研究者在探索过程中保持独立思考、批判性思维和怀疑态度，推动知识的不断更新与突破。这一精神贯穿于科学研究的各个领域，为人类社会的进步提供了重要的智力支持。

相对而言，人文精神强调个体的存在价值和社会关系，关注人类的情感、道德、文化和社会构建。人文精神在于追求真、善、美的统一，强调对人类自身的关怀与尊重。它呼唤个体在社会中的参与和贡献，倡导人与人之间的理解与包容。人文精神不仅关注个体的需求和尊严，也强调社会整体的和谐与发展。人文关怀不仅是对个体的尊重，也是对整个社会价值观的重塑，强调精神生活的丰富与多样性。

在探讨人文精神与科学精神的关系时，可以追溯到历史发展的轨迹。古希腊时期，科学与人文并未明确分离，科学被视为哲学的一个分支，二者共同探讨存在的意义和宇宙的本质。随着历史的推移，特别是进入中世纪以后，基督教的影响逐渐抑制了对理性的探索，科学精神与人文精神之间出现了较为明显的对立。这一阶段，科学主要服务于宗教的终极关怀，理性被边缘化，科学的发展受到限制。

进入近代，随着文艺复兴的兴起，科学精神逐渐重新回归到人文关怀之中。科学的独立发展与理性思维的重塑，使得人文精神得以重新审视其价值基础。在这一过程中，科学的探索不仅限于对自然界的认知，也扩展到对人类自身及其社会关系的理解。这种重新融合的趋势，标志着科学与人文的相互补充，强调了知识不仅是客观真理的反映，更是人类文化的结晶。

然而，随着工业化和科技的迅猛发展，科学精神与人文精神之间的裂痕再次显现。科学日益被工具理性所主导，强调对自然的征服与控制，逐渐忽视了对人类精神和道德的关注。这一阶段，科学精神的局限性逐渐显露，导致了人文关怀的缺失，形成了技术与人性之间的矛盾。科技进步虽然带来了物质的富足，却同时引发了人与自然、人与社会之间的紧张关系。

在面对这些挑战时，学界开始反思科学精神与人文精神的关系，呼吁在科学研究中融入人文关怀，以促进人类整体福祉。科学精神应当服务于人文精神，帮助个体在科学的光辉下实现自我价值，促进社会的和谐发展。二者

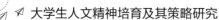

的结合不仅能丰富科学的内涵，也能为人文精神注入新的活力，从而形成一个更加全面和谐的知识体系。

展望未来，科学精神与人文精神的融合趋势不可逆转。在这一过程中，科学不仅仅是对自然法则的探究，更是对人类自身和社会关系的深入反思。科学精神将推动人类对自身价值和意义的重新审视，促使人文精神更为广泛地渗透到科学研究之中。这一转变将使科学精神与人文精神相辅相成，共同促进人类社会的可持续发展。

三、人文精神与大学精神

人文精神与大学精神之间的关系是现代高等教育中重要的议题。人文精神所代表的核心价值与追求，贯穿于大学的使命与目标之中，形成了大学精神的基本内涵。人文精神强调人的价值、尊严与自由，旨在提升人类的精神境界，而大学精神则是在这一人文传统的基础上，结合学术研究与教育实践所形成的独特文化气质。二者相辅相成，共同构成了大学教育的核心理念，推动着高等教育的不断发展与创新。

人文精神在大学精神的构建中起到了基础性作用。人文精神关注个体的全面发展与精神成长，强调对真理的追求与对道德的探索。在大学阶段，学生不仅接受知识的传授，更重要的是在此过程中形成个人的价值观与人生观。人文精神引导学生关注自身的内在发展，激励他们在知识的获取中反思生命的意义，探索人与世界的关系。这种深刻的思考与反省能力，为大学生未来的学术研究与社会实践奠定了坚实的基础。

大学精神体现了人文精神的具体实践。在学术精神的引导下，大学成为知识创新与思想碰撞的高地。学术精神强调求真与探索，要求学生具备批判性思维与开放的心态，勇于质疑与挑战既有的知识体系。这一过程不仅是对已有知识的传承，更是对知识边界的拓展与重构。在这个过程中，大学生被鼓励去探索未知，发掘新思想，推动学术进步。通过这样的学术探讨与研究，大学生不仅能够丰富个人的知识储备，更能够在探索真理的过程中提升自身的精神境界，实现自我价值。

明德精神作为大学精神的重要组成部分，深受人文精神的影响。明德精神强调个体的道德修养与社会责任感，鼓励学生在追求个人理想的同时，关注社会发展与人类福祉。这一理念要求学生在获得知识的同时，培养高尚的道德情操，树立为社会服务的责任感。人文精神提倡对他人的关爱与尊重，鼓励大学生关注社会弱势群体，通过自己的行动改善他人的生活。在这个过程中，学生不仅提升了自我修养，更加深了对人性的理解与尊重。

创新精神的培养同样是人文精神在大学精神中体现的重要方面。创新精神鼓励学生将所学知识转化为实际应用，以服务于人类的进步与发展。人文精神的核心在于对人类未来的关怀与责任感，这与大学教育的目标高度契合。大学作为知识的殿堂，不仅要传授科学与技术，更要培养学生的创造力与实践能力。通过创新实践，学生能够将理论与实践结合，推动社会的进步与发展。这种创新精神不仅关乎个人的发展，更是推动社会文明进步的重要力量。

大学精神的内涵不仅体现在学术、明德与创新三个方面，更体现了对人类共同价值的追求与倡导。人文精神强调每个人的独特性与尊严，大学精神则在此基础上，推动学生在追求个人理想的同时，兼顾社会责任。这种责任感不仅体现在学术研究中，更体现在大学生对社会的积极参与与贡献上。大学生作为社会的未来，肩负着推动人类文明进步的重要使命。

综上所述，人文精神与大学精神之间存在着深刻而紧密的关系。人文精神为大学精神的形成提供了基础与指导，而大学精神则通过学术研究与社会实践，具体化了人文精神的价值追求。在当今社会，推动人文精神与大学精神的结合，对于促进高等教育的健康发展、提升大学生的综合素质具有重要意义。通过在大学教育中融入人文精神，可以更好地培养学生的创新能力、社会责任感与道德修养，促进其全面发展。未来，高等教育应当继续探索人文精神与大学精神的深度结合，以培养出更加优秀的社会人才，为人类的进步与发展贡献力量。

第二章　大学生人文精神培育的文化根基

第一节　马克思主义人学思想的启迪

人文精神，始终是哲学研究的重要组成部分。早期的一些哲学家虽开展了一定范围的研究，但限于所处的时代背景和个人能力，仅流于表面，未能形成科学形态。直到马克思他以人的实践活动为基础，对人类发展进行了审视和总结，达到了新的历史高度。马克思正确而全面地揭示了人的本质，认识到人存在和发展的必然性，创造了全新的价值取向和思维方法，从此，人类第一次实现了科学的认知并把握自我。

马克思主义人学是在辩证扬弃、科学发扬西方人文精神传统的基础上，运用辩证唯物主义和历史唯物主义，通过研究现实个体的实践活动以及物质生产历史，深层揭示人的存在、把握社会本质和意义；运用自我与他人、与集体、与社会、与自然之间的辩证统一关系，揭示人类发展的一般规律，进而实现了人文精神的新飞跃。

一、实践——生命活动的根本存在方式

马克思关于"实践是生命活动的根本存在方式"的论述，深刻揭示了人类存在与发展的本质。这一思想不仅挑战了传统西方哲学中对于人的抽象理解，

还为我们理解人类社会、文化、历史以及个人成长提供了坚实的理论基础。

实践被视为生命活动的根本存在方式，承载着人类生存与发展的多重维度。通过对实践的深入剖析，可以更全面地理解人类的本质以及其与外部世界的互动关系。实践不仅是人类活动的基础，也是人类存在的核心体现，构成了个体与社会、物质与精神之间的辩证关系。对此，实践的重要性不仅体现在物质生产和社会交往中，更在于其深刻影响了人的意识、价值观和生活方式。

实践活动是人类认知的起点与归宿。人类的意识、观念和思想并非凭空而生，而是源自对现实生活的实践经验。在这一过程中，实践不仅提供了认识的基础，还推动了人的思维发展。人的思维和意识是在与世界的交互中不断形成和发展的，实践为人类提供了观察、体验和反思的场域，使个体能够在实践中发现自身与世界的关系。正是通过这种不断的实践，个体才能形成自我意识与社会意识，从而认识到自身存在的意义。

实践构成了人类生存和发展的基石。人类的物质生产、社会交往及文化创造皆源于实践。实践不仅是创造物质财富的途径，更是推动社会发展的动力。在物质生产中，实践活动通过资源的合理配置与有效利用，促进了生产力的发展与社会的繁荣。同时，在文化和教育领域，实践作为知识传承的重要方式，使得文化得以延续与创新。人类通过参与实践活动，不断积累经验、丰富知识，从而推动自身的全面发展。实践活动使得个体在社会中找到自己的位置，并为实现个人价值与社会价值提供了可能性。

实践活动促进了个体与社会的互动。人是社会的组成部分，个体的生存离不开与他人的交往。通过实践，个体不仅在物质层面满足自身的需求，更在精神层面寻求认同与归属。社会关系的建立与维系，往往是在共同的实践活动中实现的。无论是生产劳动还是文化活动，个体在与他人的合作与交流中，获得了自我认知和社会认同。因此，实践活动不仅是个体发展的过程，也是社会化的过程。个体在实践中学会了沟通、协作和互助，从而增强了社会凝聚力与向心力。

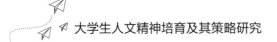

实践的创新性也显得尤为重要。人类的进步与发展不仅依赖于对既有知识和经验的继承，更依赖于对新事物的探索与创造。实践活动是推动创新的重要动力，个体在实践中通过不断尝试和实验，发现问题、提出解决方案，从而推动知识的进步与技术的革新。创新不仅体现在科学技术的领域，还涵盖了文化艺术、社会治理等各个方面。通过实践活动，个体能够将抽象的理念转化为具体的行动，推动社会的持续发展与进步。

实践活动对个体的身心发展也具有深远的影响。通过实践，个体不仅能够获得知识与技能，还能培养健全的人格与积极的价值观。在实践中，个体面临各种挑战与困难，这些经历不仅锻炼了个体的意志力与抗压能力，也促进了情感的成熟与道德的完善。个体在实践中不断反思自身的行为，提升道德修养，从而形成对社会责任与人类命运的深刻认识。这种认识使得个体在追求个人利益的同时，更加关注社会福祉与人类共同的发展。

总体而言，实践是人类生命活动的根本存在方式，深刻影响着个体的认知、发展与社会关系。人类的生存与发展无不植根于实践活动，实践不仅创造了物质财富，也丰富了精神生活，推动了文化的传承与创新。在当今快速变化的社会中，强调实践的重要性，对于培养具有创新能力、社会责任感与道德情操的新时代人才具有重要意义。通过不断深化实践的理论与实践研究，能够为人类的持续发展提供更为坚实的基础与动力。

人类通过实践活动，不仅塑造了自己的存在方式，还形成了对世界的认知与价值判断。实践活动使得人类不仅是被动接受环境影响的存在，更是积极参与并改造环境的主体。正是在这一过程中，个体意识到自身的价值与潜力，从而实现自我超越。可以说，实践是人类存在的核心，是推动人类文明不断进步的重要力量。通过不断探索与创造，人类在实践中不断发现自身的意义与价值，从而在与世界的互动中，实现更高层次的生命状态。

二、人的本质特征——自由自觉的活动和"一切社会关系的总和"

人的本质是一个复杂而深刻的哲学命题，在马克思主义的视域中，人的本质不仅是个体的特征，而是与社会、历史紧密相连的整体。自由自觉的活动与一切社会关系的总和，构成了对人类存在的双重理解。这一理论框架提供了分析人类活动的基础，揭示了人在物质与精神、个体与社会之间的动态关系。

首先，自由自觉的活动是人的本质特征之一。在这一特征中，人的活动不仅是生存所必需的，更是意识的体现。人类的自由自觉活动在于个体能够对自身的生活进行反思与选择。这一反思性不仅源于对生存环境的适应，更源于对自身存在的认知。在人类的历史发展中，个体逐渐意识到自身的独特性，能够将生活现象作为思考对象，进而设定目标并为之努力。自由不仅体现在行动的选择上，还在于对自身生活意义的追求与实现。人与自然的关系、人与自身的关系，以及人与他人的关系，都在这种自由自觉的活动中得到展现。

其次，人的本质在于其社会性。马克思主义理论强调，人的本质是"一切社会关系的总和"。这一观点强调了个体与社会之间的相互依存关系。个体的存在不仅是自然界中的生物活动，更多的是通过社会关系的建立与维持来实现的。个体在社会中不是孤立存在的，而是嵌入于复杂的社会网络之中，这些网络包括家庭、群体、社会、国家等多个层面。每一个社会关系的构建与发展，都是个体在实践中的反映。社会关系的特性和发展趋势对个体的行为模式、价值观念和生活方式均产生深远的影响。

人的社会关系的构成不仅依赖于物质生产，更与意识形态的传播和塑造密切相关。在物质生产过程中，个体通过劳动实现自身价值，同时也在社会互动中形成对他人的认知。这种认知不仅限于经济关系，还包括伦理、道德和文化等多方面的内容。个体在与他人交往的过程中，形成了对社会规范和价值观的理解，从而推动社会关系的不断演变。

人的自由自觉活动与社会关系的总和相互交织，形成了人的全面发展。个体在实践中不断反思与选择，不仅推动了自我成长，也促进了社会的变革。在这一过程中，个体的能动性得以体现，社会关系的变化也反过来影响着个

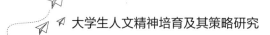

体的自由活动。这种辩证关系使得个体与社会成为一个动态的整体，既相互制约，又相互促进。

通过对人的本质的深入探讨，可以更好地理解人的实践活动所承载的深刻意义。实践不仅是生存的基础，更是人的意识、价值与社会关系形成的重要途径。在这一过程中，个体通过自由自觉的活动，推动了社会的进步，同时又在社会关系中不断重塑自我。这一理论视角为人类的自我理解和社会发展提供了新的思考路径。

自由自觉的活动是个体意识的体现，通过这一活动，个体不仅追求生存的物质条件，更寻求精神上的满足和自我实现。人在物质生产中，不仅是资源的使用者，更是社会价值的创造者。人类通过劳动实践，不断开拓生产力的边界，促进社会关系的丰富与多元。这一过程不仅推动了物质文明的进步，更在精神文化上实现了深层次的自我超越。

社会关系的复杂性体现在个体之间的交往与互动中，个体的生活方式、价值观和社会认同都是通过这些关系得以形成的。在社会关系的网络中，个体的自由自觉活动既受制于社会结构，也通过实践活动不断重塑这些结构。个体在劳动实践中获得的知识、技能与经验，推动了社会关系的演变，使得个体与社会的关系变得更加紧密而复杂。

人的本质表现出一种辩证的统一。个体既是社会关系的产物，同时也是这些关系的创造者。人类通过自由自觉的活动，既受到社会关系的制约，也在实践中不断推动社会的变革。这种辩证关系不仅体现了人类的能动性，更展示了社会发展的多样性与复杂性。

对马克思主义中人的本质的理解，应关注个体与社会的关系，强调自由自觉活动与社会关系的互动。个体在实践中获得的经验与认知，不仅影响自身的发展，也促进社会的进步。在这一过程中，个体的能动性与社会关系的制约并不是对立的，而是相辅相成的。通过对这一辩证关系的深入探讨，可以更好地理解人类的社会生活及其内在逻辑，为促进社会的发展与进步提供新的理论支持。

人的自由自觉活动不仅是个体意识的体现，更是社会关系的延续与发展。在这一过程中，个体通过实践不断探索自我，推动社会的变革。这一活动不仅关注生存的物质条件，更注重精神层面的自我实现。在人类的发展历程中，个体的自由自觉活动始终与社会关系紧密相连，构成了人类存在的基础。

三、最高价值目标：人的解放与自由全面发展

人的解放与自由全面发展是马克思主义思想体系中的核心命题之一，体现了对人类存在的深刻理解与追求。这一目标不仅是个体的自我实现，更是与社会整体发展、历史进程紧密相连的。这种理解认为，人的解放不仅需要个体的主观能动性，也依赖于社会历史的发展与变革。通过对这一命题的深入探讨，可以更好地理解马克思对人类未来发展的美好愿景。

（一）人的解放与自由全面发展的深刻认识

人的解放与全面发展必须建立在对现实状况的深刻认识之上。马克思认为，现实个人的自由与发展根植于对自身物质生产状态的意识。个体只有在理解自身处境与历史背景的基础上，才能采取切实有效的行动。这种意识不仅是对自我生存状态的认识，更是对社会关系、经济基础及上层建筑的全面理解。通过这种理解，个体才能够在实践中发挥其主观能动性，推动社会关系的变革，实现更高层次的自我发展。马克思强调，人的解放不应仅是概念上的追求，而是应通过具体的实践活动来实现。

人的全面发展不仅限于个体的自我实现，也与社会的整体进步密切相关。马克思提出，人的发展是与社会历史发展相辅相成的。不同的社会形态中，人的生存状态与社会关系的演变相互交织，形成了独特的历史轨迹。在这一轨迹中，个体的自由发展与社会整体的繁荣相互依存。人的全面发展应以社会整体的进步为前提，通过推动生产力的发展与生产关系的变革，构建一个能够实现个体自由与发展的社会。这一观点强调了人类发展过程中，个

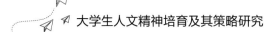

体与社会之间的辩证关系，表明实现人的解放是历史进程中的必然要求。

人的解放与自由全面发展的目标，也体现在对物质与精神双重需求的关注之中。马克思认为，人不仅是物质生产的主体，更是文化创造的参与者。人的全面发展应当同时关注物质生活条件的改善与精神文化的提升。在这一过程中，个体的自由发展应以满足物质需求为基础，而精神文化的发展则是对物质生活的反思与升华。通过这种物质与精神的双重发展，个体能够更好地实现自身价值，进而推动社会的进步与繁荣。

在实现人的解放与自由全面发展的过程中，劳动实践发挥了至关重要的作用。劳动不仅是实现生存的手段，更是个体自我实现的重要途径。通过劳动，个体不仅能够创造物质财富，也能够在实践中发展自身的能力与素养。劳动实践的意义在于，它不仅是物质生产的过程，更是个体与社会关系互动的场域。在这一场域中，个体通过实践不断探索自我，发现自我的潜能，进而实现对自由与全面发展的追求。因此，劳动实践成为实现人的解放与自由全面发展的核心路径。

马克思对于人的解放与全面发展的设想，强调了人类历史的进程与社会发展的必然性。在这一过程中，个体不仅是社会历史的产物，更是推动历史进程的主体。个体的自我意识与实践活动，是推动社会变革与进步的重要动力。历史的发展与社会的变革，往往源于个体的自由选择与主动作为。这种主体性使得个体在历史的舞台上不再是被动的接受者，而是积极的参与者与创造者。

实现人的解放与自由全面发展，必然要求社会关系的根本变革。马克思指出，资本主义社会中，物的依赖性与人的独立性并存，制约了个体的自由发展。在这一背景下，人的解放不仅需要对生产关系的重塑，更需要对社会价值观与伦理观的深刻反思。只有通过对社会关系的变革，才能够为个体提供一个更加自由、平等的生存空间，使每个人都能在这个空间中充分发挥自身的潜能，追求自我实现与价值创造。

此外，人的解放与自由全面发展还需关注个体的多样性与差异性。个体的自由发展并不意味着同质化，而应在尊重差异的基础上实现多样性的发展。在这一过程中，个体的选择、需求与价值观都应得到尊重与关注。通过建立一个包容与多元的社会环境，个体的自由发展才能够真正实现，进而推动整个社会的和谐与进步。

（二）人的解放与自由全面发展的当代审视

在当前社会主义现代化进程加速发展的背景下，人文精神的建设与人的全面发展已成为重要的战略目标。这一目标不仅体现了对个体价值的重视，更是推动社会整体进步的必要条件。以人为本的人文精神深入植根于社会生活的各个领域，成为促进生产力发展的强大动力，同时也揭示了社会主义的本质，指导着中国特色社会主义的建设。因此，深入探讨人文精神与人的全面发展之间的关系，对于理解和推动社会主义现代化具有重要意义。

人的全面发展是社会主义利益的核心所在。在社会主义建设的过程中，实现人的全面发展是解放与发展生产力、消灭阶级剥削和两极分化的主要任务。社会主义制度本质上是一种以人为本的制度，其核心在于对人的发展的重视。人是社会发展的主体，个体的自由与发展不仅关乎个人的生存和发展，更是整个社会进步的重要保障。为此，在推动经济与社会发展过程中，重视人的全面发展显得尤为重要。

实现人的全面发展首先需从生产力的发展入手。生产力的发展依赖于人作为核心的能动性与创造力。激发个体的才能和潜力，是推动生产力不断提升的重要因素。通过加强对教育和科技的投入，提升个体的综合素质，能够在根本上促进生产力的发展，并为实现社会的共同富裕奠定基础。在这一过程中，人的发展与社会整体的繁荣相辅相成，只有通过人的全面发展，才能最终实现社会的全面进步。

人的全面发展不仅关乎个体的物质生活水平，更涉及精神和文化的层面。精神和智力的提升对社会经济发展起到决定性作用。社会的进步离不开个体的自我提升和价值观的树立。通过关注个体的理想、目标和精神追求，

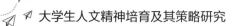

能够有效推动人的全面发展。因此，培养具有较高科学文化水平和道德情操的人才，是实现社会整体进步的重要途径。在这一过程中，人的全面发展应当以培养高素质的人才为目标，以促进社会的和谐与进步。

人文精神的强化服务于人的全面发展，是新时代科教兴国战略的重要组成部分。在现代化进程中，教育的现代化被视为提升社会生产力和推动经济发展的关键。教育作为人类发展的基础，通过科学技术的传授与创新，能够在最短时间内提升个体的能力，从而推动社会的全面发展。科学技术是生产力的核心，只有通过教育提升科学文化素质，才能在社会实践中有效推动科学技术的发展，进而促进生产力的提升和社会的进步。

为实现人的全面发展，必须强调教育的重要性，积极推进科教兴国战略。科学技术与教育的发展相互促进，共同推动社会的进步与人类的全面发展。在这一过程中，应重视对人文精神的建设，通过培养具备创新能力和道德素养的人才，形成强大的人才支撑，为经济的可持续发展提供保障。

马克思主义人学的出发点在于现实的、具体的个体，追求的目标是人的自由与全面发展。人的全面发展不仅是个体自我实现的过程，更是社会整体进步的重要标志。在辩证唯物主义和历史唯物主义的指导下，个体的积极行动与生产力、生产关系的辩证革新，共同构成了实现人的全面发展的路径。因此，人的全面发展不仅是个人能力的提升，更是与社会发展相结合的整体进程。

人文精神的建设被赋予了更深远的意义。它不仅超越了传统人文精神的局限，更体现了对个体与社会之间关系的深刻理解。作为个体的人与作为类的人，均应在人的全面发展中找到平衡与和谐。通过这样的理解，马克思主义人学为现代人文精神的探讨提供了科学的方法和坚实的社会基础，为社会主义现代化建设注入了新的活力。

人的全面发展是现代社会的必然选择，它不仅促进了个体的自我实现，也推动了社会的整体进步。在未来的社会发展中，必须将人文精神建设与人的全面发展紧密结合，形成推动社会主义现代化的强大动力。通过建立以人为本的社会机制，重视教育与科技的发展，将人的自由与全面发展融入社会主义建设的每一个环节，实现经济、社会、文化的协调发展，才能真正实现人类社会的进步与繁荣。

第二节　中华传统文化对人文精神的塑造

中华文明的人文精神自有其独特的自足性，是形成强大之民族文化软实力的精髓，也是构成自成体系之中华民族理统的重要成分，更是新时期实现中华民族伟大复兴中国梦的必要前提和条件[①]。与西方人文精神相对应，中国文化源远流长，中国文化在千年流变发展中也形成了以人为中心、追求理想人格、注重礼仪教化等内容的人文精神，凝结成人伦日用、知行规范、自强不息等方面的思想。

一、与"天文"相对应的人文精神：文化秩序与道德理想的体现

在中国悠久的历史长河中，人文精神作为社会文明的重要组成部分，伴随着人类的发展不断演变。其发展不仅体现了对自然与社会关系的深刻理解，更反映了人们对自身价值与道德理想的追求。在这一过程中，人文精神与"天文"概念形成了鲜明的对比，前者强调的是人类自身的行为规范与文化认同，后者则关注自然法则与宇宙运行。人文精神的形成与演变，正是中国文化发展的重要标志，体现了人们在探索生命意义与价值时所作出的努力。

人文精神的内涵可以追溯至古代社会，最初与"天文"相对立，成为人类行为与礼仪规范的代名词。"人文"一词的初衷在于描绘人类在社会生活

---

① 王化学. 人文精神力量与中华民族理统——试从国学角度论析之 [J]. 山东社会科学，2022（10）：68-74.

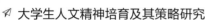

中的表现，强调人与人之间的相互关系及其所应遵循的道德规范。随着历史的发展，这一概念逐渐演变为对人类自身存在价值的深刻反思，成为文化传承与社会进步的重要基石。在这一过程中，人文精神不仅承载了社会的伦理道德，还成为了推动社会变革的动力。

在古代，天文与人文的关系体现为对宇宙自然法则的尊重与对人类道德规范的重视。中国古代哲学强调自然与人之间的和谐关系，认为人类生活应当遵循自然规律。儒家思想倡导的"天人合一"即是这一理念的体现，人类的道德行为应当与天道相协调。在这一背景下，人文精神的发展并非对自然规律的背离，而是对人类自身行为与社会规范的深刻理解与尊重。

人文精神的形成受到了历史、文化与社会多重因素的影响。在周朝时期，随着伦理道德观念的逐渐成熟，人们开始重视人与人之间的关系。伦理意识的觉醒使得人文精神逐渐从对神权的依赖转向对人性的关注。人们认识到，社会的发展不仅依赖于天命的指引，更依赖于个体的道德行为与社会责任。人文精神的内涵开始强调个体在社会中的价值与作用，促使人们在行为规范与道德追求上有所提升。

随着历史的发展，特别是在春秋战国时期，百家争鸣的文化氛围进一步推动了人文精神的丰富与发展。不同的思想流派在对人性的探索与道德理想的追求上各有侧重，儒家、道家、墨家等思想共同构成了中国文化的多元面貌。这一时期的文化思想不仅关乎个体的道德修养，也强调了社会的整体和谐。人文精神在这一背景下，逐渐形成了重视人伦、强调道德的文化特征，为后世的文化发展奠定了基础。

与"天文"相对应的人文精神强调了人类在社会生活中的责任与担当。它呼吁人们关注自身行为对社会的影响，提倡通过道德修养提升个体的素质与修为。人文精神的核心在于对人性的关怀与尊重，促使人们在追求个人理想与幸福的同时，能够对社会的和谐与进步作出贡献。这种道德追求不仅体现了个体的自我价值，更为社会的发展提供了强大的精神动力。

在中国古代的文化传统中，人文精神被视为治国理政的重要理念。统治者不仅需要关注天文变化，还应重视人文教化，强调道德伦理的重要性。这一思想贯穿于中国古代的治国理念之中，促使统治者在制定政策时充分考虑社会的道德基础与人文环境。通过对人文精神的重视，统治者能够更有效地治理国家，维护社会的稳定与和谐。这种以人文精神为导向的治国理念，既反映了中国文化的独特性，也为后世的政治思想提供了重要的借鉴。

进入近现代，随着社会变革与文化交融的加速，人文精神在新的历史条件下焕发出新的活力。在全球化的背景下，中国传统人文精神与现代文明相互交融，形成了独特的文化生态。在这一过程中，人文精神不仅仅是对传统的继承，更是对现代社会问题的思考与回应。现代人文精神的内涵愈发丰富，强调对人性、社会及自然的全面理解，关注人的尊严与价值，促进社会的可持续发展。

人文精神与"天文"之间的对比不仅体现了文化的深厚底蕴，也反映了人类对自身存在的探索。通过对人文精神的深入思考，能够更好地理解文化传统对于现代社会的重要性。在面对复杂的社会问题时，人文精神提供了反思与解决的视角，促使人们在快速发展的时代中保持对人性的关怀与尊重。

在当前的社会发展中，人文精神依然扮演着不可或缺的角色。面对科技的迅猛发展与全球化的挑战，人文精神的建设有助于增强社会的凝聚力与向心力。通过倡导人文精神，能够提升个体的道德水平，促进社会的和谐发展，推动国家的繁荣进步。人文精神的传承与弘扬，不仅有助于个人的成长与发展，更为社会的可持续发展提供了重要的支撑。

人文精神与"天文"相对应的关系，反映了人类对自身价值与道德理想的追求。通过深入探讨人文精神的内涵与价值，能够更好地理解其在社会发展中的重要作用。人文精神不仅是对传统文化的传承与发展，更是对未来社会的积极探索。它为个体与社会的和谐发展提供了强大的精神动力，促进了中华文化的传承与创新。在面对全球化与现代化的挑战时，弘扬人文精神，

关注人的全面发展，是推动社会进步的重要途径。

二、"仁""爱"思想

从一定意义上说，任何一个现代国家，都是建立在其民族与文化传统之上的。我国是一个多民族统一的现代国家，不同民族及其文化传统，尤其是千百年来不断融合而成的中华民族及中华文化是立国的根本[①]。在中国传统文化的哲学框架中，"仁"和"爱"思想构成了其人文精神的重要基石，展现了对人性及社会关系的深刻洞察。自春秋战国时期起，随着思想文化的蓬勃发展，这一思想逐渐形成了系统的理论体系，并通过不同的学派及其代表性思想家得到了进一步的阐发。探讨这一思想的演变与内涵，能够为理解中国传统文化的核心价值观提供重要的视角。

"仁"字的字义可以追溯到其形声构造，体现了人类的情感联系与道德责任。广义上，"仁"不仅是个人情感的表达，更是一种涵盖伦理道德、社会责任及人际关系的复杂概念。在哲学上，"仁"作为一个重要的伦理范畴，主张个体的内在德行应与对他人的关爱紧密相连。其内涵可以被视为人类共通的情感，强调了人与人之间相互依存的关系。在传统文化的语境中，"仁"强调的是一种内心的情感状态与外在的行为表现的统一，体现了个体对他人的同情与关怀。与"仁"密切相关的是"爱"这一概念。在中国传统思想中，"爱"不仅是一种个人的情感体验，更是一种社会行为的规范。它要求个体在家庭、社会及国家层面上，对他人、对社会，乃至对生命本身表现出一种积极的关怀态度。这种关怀态度既包括对身边人的直接爱护，也涵盖了对社会整体福祉的关注。由此，"爱"的思想在道德实践中被视为实现个人与社会和谐的重要途径。

在儒家思想中，"仁"和"爱"被认为是人之所以为人的根本特征。儒家强调，个体的道德修养应与对他人的爱护相辅相成，通过内心的修炼，达

---

① 郭齐勇. 中华人文精神的重建以中国哲学为中心的思考 [M]. 北京：北京师范大学出版社，2011：14.

到对他人深切的理解与关怀。这种思想不仅反映了儒家对个体道德发展的重视，也体现了其对社会和谐的期望。个体的"仁"德，最终应转化为对社会的贡献，以实现"齐家治国平天下"的理想。

"仁"和"爱"思想在中国传统文化中，进一步构建了人际关系的伦理框架。以家庭为基础，个体在"仁"的指导下，扮演着父、子、兄、弟等多重角色，通过对家庭成员的关爱，实现家庭的和谐与稳定。这种家庭伦理观，强调了情感的传递与责任的承担，为社会的稳定奠定了基础。由家庭向社会延伸，"仁"和"爱"的思想促使个体在更广泛的社会关系中，关注他人的福祉，并努力推动社会的整体和谐。

在当代社会，"仁"和"爱"的思想依然具有重要的现实意义。面对日益复杂的社会关系与个体间的疏离感，重新审视并践行这一思想，有助于增强社会的凝聚力与向心力。在全球化背景下，跨文化交流的加深使得不同文化间的理解与包容显得尤为重要。"仁"和"爱"思想作为人文关怀的重要体现，能够为人们提供一种共同的道德基础，促进不同文化之间的对话与融合。

"仁"和"爱"思想不仅是中国传统文化的重要组成部分，更是推动社会和谐与个人成长的重要力量。通过对这一思想的深入探讨，可以更好地理解其在历史发展中的演变与在当代社会中的应用价值。这一思想的核心在于强调个体的内在修养与外在行为的统一，通过对他人的关爱与理解，构建更加和谐美好的社会关系。

三、知行合一等日常伦理道德

在中国传统文化的丰富哲学体系中，"知行合一"这一理念具有深远的历史与理论意义，尤其在秦汉至明代的发展过程中，其价值逐渐显现并被广泛应用。这一时期的思想家们在反思个人道德修养与社会实践的关系时，形成了将知识与行动有机结合的伦理观念。知行合一不仅是对个体行为的规范，也是对社会关系和人际交往的深刻理解，其核心在于通过实践来验证知

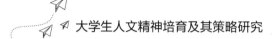

识，通过知识来指导实践。

"知行合一"强调的是认知与行动之间的统一性。在这一理念中，知识不仅被视为认知的结果，更被理解为指导行为的依据。个体在获得知识后，需通过实际行动将其转化为现实生活中的具体表现。这一过程反映了个体在追求道德与伦理目标时，所需具备的反思能力与实践能力。知识的获得不能脱离实际经验，而实际经验的总结又需要知识的支撑，从而形成一种良性的互动关系。在这一思想的指导下，个人的道德修养成为了其内在品质的体现。知行合一要求个体在日常生活中，不仅要具备一定的道德知识，更要在行为上体现这些知识的实践。个体的道德自觉性通过知行合一得以实现，强调了内心信念与外在行为的一致性。这种一致性是衡量一个人道德品质的重要标准，反映了个体在道德追求中的真诚与坚定。

在社会伦理层面，知行合一的思想同样具有深刻的影响力。随着社会关系的复杂化，个体在日常生活中所面临的道德困境愈发显著。在这种背景下，知行合一为解决伦理冲突提供了一种有效的途径。个体在处理人际关系时，需时刻关注知识与行为的协调，以确保其道德选择的合理性与适当性。此种协调不仅提升了个人的道德水平，也促进了社会的和谐与稳定。

知行合一促进了个体对社会责任的认识。在个人行为的规范中，强调了对他人及社会的关怀。个体不仅应当关注自身的道德修养，更应承担起对他人和社会的责任。通过实际行动践行道德，个体不仅为自身的品德树立了榜样，更对社会的道德风尚产生积极影响。

在历史发展的进程中，知行合一的理念经历了多次演变与深化。早期的思想家们在探讨道德与行为的关系时，往往将其视为一种理想化的追求。而随着社会的变迁与个体意识的觉醒，知行合一逐渐转变为一种切实可行的道德实践。在当代社会，面对快速发展的科技与日益复杂的人际关系，知行合一的理念仍具有重要的现实意义。

面对信息的快速传播与多元价值观的碰撞，个体在知识获取的同时，需不断反思自身的行为是否符合道德标准。这种反思不仅是对个体行为的约束，也是对社会责任的强调。在现代社会中，知行合一为个体提供了道德自律的基础，使其在纷繁复杂的社会环境中，能够保持内心的坚定与行为的合规。

总体而言，知行合一作为中国传统伦理道德的重要组成部分，体现了个体在道德追求中的真诚与努力。其核心理念强调了知识与行为的统一，反映了个体对自身道德修养的不断追求。通过这一理念的深入探讨，可以更好地理解中国传统文化中人文精神的内涵与价值。知行合一不仅是一种伦理观，更是一种生活态度，促使个体在日常生活中不断践行道德，以实现更高层次的自我价值与社会责任。

四、自强不息：近代中国人文精神的体现与发展

公元 1573 年（明万历元年）至 1912 年，正是中国历史上一个充满变革与挑战的阶段。此时，旧有的文明与新兴的世界文明发生碰撞，形成了复杂的历史背景。社会的动荡与民族矛盾交织在一起，促使思想领域出现新的声音，推动了思想启蒙的进程。启蒙不仅是对个体意识的觉醒，更是对人性与理性的重新审视，助力个体认识自身的价值与地位。此时期的人文思想继承了宋明理学的精髓，同时在不断反思与探索中，走向了分化与发展，显现出近代启蒙思想的色彩。

在这一历史背景下，思想家们深入分析理学的局限性，针对宗教、社会与人生等方面进行探索，主张合理欲求与实际人生的重要性，强调从务实的角度出发，倡导经世致用的学风。随着社会的发展，启蒙思想不断深化，历史的教训促使先进的思想者们反思中国在科技、政治等方面的落后，并引发了对自我认知的深刻反思。民族主义的觉醒、对专制政治的反抗、对民主权利的争取以及对民生的关注，构成了这一时期的四大主旨，成为近代中国人文精神的重要体现。在这一历史进程中，自强不息的思想意识逐渐形成并得到强化。自强不息的核心在于对自身能力的充分认知与发挥，强调民族整体利益高于个人利益，强调以民族自信为基础，推动社会进步与发展。民族主

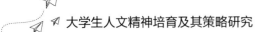

义的兴起在于对外来威胁的抵抗，强调恢复民族尊严与自信。自强不息不仅是对个体行为的要求，更是对民族生存与发展的呼唤。这样的思想激励着一代又一代的中国人不断追求卓越，努力克服内外困境，实现民族的独立与富强。

面对内忧外患，中华民族承载着厚重的历史与文化，发展出强烈的自我反思意识。在这一过程中，形成了深厚的忧患意识和强烈的爱国情怀。自强不息不仅是个体对自身能力的提升，更是对国家与民族命运的关注。个体在这一思想的影响下，逐渐认识到自身与国家、民族之间的紧密联系。个体的努力与自我提升，不仅是个人价值的实现，更是对国家与民族未来的贡献。

自强不息的思想也体现在对社会责任的强调。个体在追求自我发展的同时，需承担起对社会的责任。社会的和谐与发展，依赖于每个个体的努力与奉献。在这一思想的指导下，个体不仅关注自身的成长，也关注他人的福祉与社会的进步。这种责任意识的增强，有助于形成更为积极向上的社会氛围，推动社会的整体和谐与发展。

在近代中国，自强不息的思想成为推动文化与思想发展的动力。随着历史的进程，思想家们对自我认知的探索愈发深入，自强不息成为人们共同的价值追求。个体在这一过程中不断寻求自我突破，通过不断学习与实践，提升自身的道德水平与文化素养。在文化与思想的碰撞中，个体的自我提升与民族的发展相辅相成，构成了近代中国人文精神的重要特征。这一时期的思想家们，深入思考自强不息的内涵与外延，探索如何在变革中保持自我，如何在面对困难时激发潜能。在思想的交融与碰撞中，形成了对自强不息的新理解与新认知。自强不息不仅是对自身能力的提升，更是对社会与国家的责任感与使命感的体现。这种思想激励着每个个体在面对挑战时，不断努力追求卓越，以实现自身与社会的共同进步。

自强不息的精神在历史的长河中不断得到传承与发扬。随着时代的变迁，个体的价值追求与社会的发展相互交织，形成了多元而丰富的人文精神。在新时代的背景下，自强不息依然是推动个人与社会进步的重要力量，激励着更多的人为实现共同的理想而不懈奋斗。这一精神在现代社会中同样具有重要的现实意义，为个体在复杂的社会环境中提供了坚实的道德基础。在总结这一时期的思想发展时，自强不息无疑是其核心。它不仅反映了个体对自我价值的追求，更体现了对社会责任与历史使命的担当。这种精神的传承与发扬，为中华民族在近代的发展提供了强有力的支撑，形成了独特的人文精神，成为民族复兴与社会进步的重要动力。自强不息的思想将继续激励着后人，在未来的历史进程中，谱写新的篇章。

第三节 西方文化视角下的人文精神解读

人文精神一词虽然"在文艺复兴时期出现"，但西方哲人对人文精神的关注较早，这一概念在西方历史演进中出现了较为广泛的谱系，并呈现出由概念世界逐渐与世俗生活结合的发展过程。

一、古希腊时期：人文精神的发端

古希腊时期是人类历史上一个重要的思想发展阶段，标志着人文精神的初步形成。希腊人文主义的核心在于德行和教育，其根本理念是将人的高贵德行视为最高价值。此一理念的兴起不仅促成了个体意识的觉醒，更为社会共同体的构建奠定了基础。希腊的教育思想以促进个体自由为目标，倡导通过共同体的理想来塑造个体的道德与智识，这一过程体现了人类对自我价值的追求与认知的不断深化。

古希腊的教化旨趣强调个体的道德修养与理性发展。在这一背景下，"认识你自己"这一理念成为古希腊哲学探讨的核心。通过对自我的反思与探索，个体得以摆脱对自然宇宙的盲目崇拜，转而关注自身的内在价值与道德选择。这种转变不仅反映了思想领域的深刻变化，也标志着人文精神的初步形成，即从外在的考察转向对人自身的内省与反思。

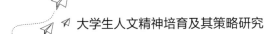

在对善的理解方面,古希腊哲学家们提供了多元化的视角。德性与知识之间的关系被高度重视,德性被视为一种内在的道德力量,其本质在于对智慧的追求。这种思想不仅引导了个体对自身行为的思考,更促进了社会道德规范的建立与传播。通过对善的不断追求,古希腊的思想家们揭示了个体幸福与道德德性的紧密联系,强调了道德生活的实践性与理性思考的统一。

古希腊时期的人文精神还体现在对教育理念的重视上。公元前5世纪中叶,希腊贵族开创了包括语法、修辞、逻辑、计算、几何、音乐和天文学在内的七门学科,统称为自由学科。这些自由学科不仅被视为知识的载体,更是对个体进行全面培养的重要手段。希腊贵族强调学习自由学科的目的在于全面提升个体素质,而非单纯追求实际的应用。这种教育理念深刻影响了后世人文主义的发展,成为对人性的深刻探讨与认识的重要基础。

自由学科的学习不仅限于技术与知识的获取,更强调个体的思维能力与审美情趣的培养。这种教育观念为后来的教育模式奠定了基础,使得个体不仅能够在知识上获得提升,更能够在道德与审美方面达到更高的境界。古希腊人文精神的发端,为个体的全面发展与社会的和谐提供了丰富的思想资源。

随着古罗马时期的到来,古希腊人文精神在更广泛的层面上得到了传承与发展。拉丁文中的"humannistas"这一术语成为了人文精神的重要体现,强调人性的培养与教化。人性不仅是文明的标志,更成为区分"文明人"与"野蛮人"的重要依据。在这一过程中,人文精神的内涵不断丰富,逐渐演化为一种涵盖广泛的人性教育观念。

古罗马时期的哲人们在继承希腊人文思想的基础上,进一步拓展了教育的理念与实践。他们强调教育不仅是个体才能的最大化发展,更是社会整体进步的重要动力。人文精神的理念与教育模式相辅相成,共同推动了社会的文明进程。在这一历史背景下,人文精神不仅体现为个体内在价值的提升,也为社会整体道德与文化的发展提供了重要支持。

通过对古希腊人文精神的探讨,可以看到这一思想流派在历史进程中发挥的重要作用。它不仅是古代文明的璀璨成果，更是现代人文主义的源头与基础。古希腊时期的思想家们通过对人的内在特性与外在环境的深刻反思，为人文精神的形成奠定了坚实的理论基础。这一思想在后世的发展过程中不断被丰富与深化，形成了今天人文学科的广泛内涵。

古希腊人文精神的发端体现了人类对自身存在的反思与理解。在这一过程中，个体的道德修养与理性思考被高度重视，成为推动社会进步与文化发展的重要动力。通过对人的内在价值的探讨，人文精神不仅强调个体的自我完善，更关注社会的和谐与发展。在这一历史背景下，古希腊人文精神为后世提供了重要的思想资源，成为促进人类文明进步的重要力量。

二、中世纪时期：人文精神的压抑

在西方历史的长河中，中世纪时期被普遍视为人文精神受到严重压抑的时代。古典文明的辉煌在这一时期逐渐消退，取而代之的是以宗教为主导的思维模式，特别是基督教的兴起对人文思想的压制。这一时期的特点是，思想活动受限于宗教教义，个人理性与自由探究受到阻碍，整个社会在信仰的阴影下发展。因此，尽管中世纪存在着对人类本质和人性价值的探讨，但其出发点和最终指向均围绕着神与人的关系，而非人自身的内在价值。这种状况为人文精神的回归埋下了伏笔，但同时也造成了严重的文化损失。

首先，宗教在中世纪的社会文化中占据了主导地位，其核心思想构成了当时人们对世界和自身的理解。基督教信仰强调神的绝对性和人类的依赖性，强调救赎和灵魂的拯救。这种信仰模式导致人们在思考人性和社会关系时，往往只能从神的视角出发，缺乏对个体生命和人类价值的独立探讨。人文精神强调人类的理性、自由和创造力，而中世纪的宗教思想则倾向于贬低人的主动性与自我价值。

其次，在教育领域，教会的垄断使人文精神的发展受到限制。中世纪的教育体系主要由教会控制，教育内容被严格限制在宗教经典的学习上，尤其是神学的研究被视为最高的学术追求。与此相对的，人文学科的研究被边缘

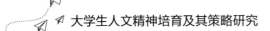

化，成为学习宗教知识的工具。教会将神学视为"知识的女皇"，因此，任何对人文知识的探究都必须围绕神的教义展开，导致了人文学科的实质性萎缩。在这种情况下，古典人文思想中对人性、理性和道德的深刻思考被压制，取而代之的是一种简单的知识传授，教育的目的逐渐演变为对信仰的灌输。

最后，中世纪的文化生产也深受宗教的制约，艺术、文学和哲学等领域的创作往往服务于宗教目的。创作的自由受到压制，艺术作品多以宗教题材为主，缺乏对人性的关注与对现实生活的反思。这种文化氛围使得人文精神的表达途径被阻碍，艺术作品往往缺乏个体的情感体验和社会批判意识。文学作品的主题多围绕宗教教义、神秘主义等内容，缺乏对人类自身境遇的深入探讨。这种文化压抑使得人文精神的发展受到严重影响。

尽管中世纪时期人文精神遭遇重重压制，但其发展并非完全停滞。历史的进程总是充满了反思与重生的机会。在中世纪晚期，随着城市和工商业的发展，世俗化的趋势逐渐显现。这一时期的社会结构开始发生变化，传统的教会权威受到挑战，城市的兴起促使人们对人性与社会生活的关注增强。在这样的历史背景下，人文精神经历了一次艰难而又重要的复兴。

其中，世俗国家与宗教之间的张力构成了这一时期社会的基本特征。宗教与世俗之间的冲突促使人们重新审视自我价值，探索人与人、人与自然之间的关系。人文精神的复兴不仅表现为对古典文化的重新发现，还体现在对个体价值和自由意志的强调。尽管这一过程受到教会的抵制，但社会的变革与思想的交融为人文精神的回归创造了条件。人们开始意识到，追求真理与善良并不必然依赖于宗教信仰，反而可以通过理性与实践去探寻。

综上所述，中世纪时期对人文精神的压抑是一个复杂的历史现象。这一时期虽然充满了对自由思想的压制和人文知识的边缘化，但人类始终未停止对自身的探求与思考。尽管教会在思想文化上占据主导地位，但随着社会的变迁，世俗化的趋势逐渐显现，为人文精神的复兴提供了基础。历史的进程告诉我们，尽管中世纪对人文精神的压抑对人类思想的发展造成了深远影响，但人类内心对自由、理性和创造力的向往始终存在，推动着人文精神在新的时代背景下重生与发展。

在接下来的世纪里，尽管人文精神依旧面临着诸多挑战，但其不断复兴的过程预示着一个新的思想时代的来临。此后，文艺复兴时期的辉煌与科学革命的兴起，为人文精神的发展奠定了坚实的基础。由此可见，中世纪虽然是人文精神压抑的时代，但其潜藏的思想火花为后来的文化复兴与思想解放铺平了道路。人文精神在历史的反复波动中不断演进，最终走向了更加广阔与丰富的表达形式。这一过程不仅是对古典人文传统的传承，更是对人类自身价值的重新审视与确认。

三、文艺复兴时期：主体意识的觉醒

文艺复兴时期是欧洲思想史上一个重要的转折点，它标志着人类主体意识的觉醒，推动了人文精神的重塑和理性思维的兴起。文艺复兴打破了中世纪长期以来神权统治对思想自由的禁锢，促使个体意识和自我价值重新得到重视。在这一时期，主体意识的觉醒主要表现为对人的尊严的强调、对理性与自由的追求以及对世俗生活的热情探索。这一变化不仅影响了当时的社会文化结构，还为现代文明的形成奠定了思想基础。

文艺复兴时期的主体意识觉醒体现为对个体尊严的重新认识和高扬。中世纪时期，宗教教义强调人类的原罪与对上帝的依附，个人在神的面前被视为卑微的存在。这种神权至上的思想限制了个体的自由与尊严。然而，文艺复兴时期，随着古典文化的复兴，人们开始重新思考人类的本质和价值。古希腊罗马时期的哲学思想，尤其是关于人的自由、理性和尊严的探讨，再次成为关注的焦点。文艺复兴时期的思想家们认为，人的价值不应仅仅依赖于神的恩赐，而是源于人的本质和能力。人类作为世界的主导力量，具有不可替代的地位。这种对个体尊严的重视，使人不再仅是宗教教义中的被动接受者，而成为可以主动创造和改变世界的主体。

理性和自由的重新发现与强调是文艺复兴时期主体意识觉醒的核心内容。在中世纪，宗教信仰被视为认知世界的唯一途径，人的理性被视为有限

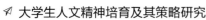

和不可靠的工具。然而，文艺复兴时期，人们重新审视了理性的重要性，认为通过理性可以揭示自然规律并理解人类社会。理性被视为人类认知世界和发展的核心力量，不再依附于宗教信仰，而是成为独立的思维工具。通过理性的运用，人类不仅能够认识自然，还可以改变自身的命运。自由则作为理性运用的结果被重新定义。文艺复兴时期的人们认为，自由不仅是脱离宗教束缚的权利，更是个体运用理性思考、决策和行动的能力。在这种思想下，个体自由的实现不再依赖于外部的权威或神圣力量，而是取决于人的理性判断与实践能力。

文艺复兴时期的主体意识觉醒还表现在对世俗生活的关注和对现世幸福的追求上。在中世纪，宗教教义强调来世的幸福和天国的拯救，贬低了现世生活的意义。然而，文艺复兴时期的人们逐渐转向关注现世生活的价值，认为幸福应当在现实世界中实现。主体意识的觉醒促使人们重新审视自身在现实世界中的地位和作用，进而追求现实生活中的满足与幸福。这一思想的转变不仅推动了艺术、文学、哲学等领域的繁荣，还促进了对自然、社会和人的深入研究。通过对世俗生活的重视，个体意识得到了进一步的解放，个体的幸福与满足成为社会进步的重要动力。

文艺复兴时期的主体意识觉醒还体现在对传统权威的质疑和对个人自主性的强调。中世纪时期，宗教和封建制度共同构成了社会的基本框架，个人的思想和行为受到严格的限制。然而，随着文艺复兴的兴起，人们开始反思这种权威的正当性，并提出个体自主的重要性。文艺复兴时期的思想家们认为，人的理性和能力足以应对复杂的社会问题，因此不再需要依赖外部的权威。个体自主的思想不仅反映在思想领域，还影响了社会制度的变革。文艺复兴时期，人们开始主张通过理性和自由意志来决定个人的生活和社会事务，个人自主意识的增强为后来的社会政治变革奠定了基础。

文艺复兴时期的主体意识觉醒还推动了知识和教育的革新。中世纪的教育体系主要由教会控制，教育内容以神学为中心，忽视了对自然、社会和人的研究。文艺复兴时期，随着主体意识的觉醒，人们开始重视知识的多样性与科学的探索。理性被视为认知世界的重要工具，科学成为理解自然和社会的有效方法。文艺复兴时期的教育改革强调对古典文化的继承与发展，鼓励自由思考和批判精神。这一思想不仅推动了科学的发展，还促进了社会的进步与变革。通过教育，个体的自主意识得到了进一步的强化，理性与自由成为社会发展的重要动力。

文艺复兴时期的主体意识觉醒还反映在对人类创造力和艺术表达的重视上。随着宗教对文化领域的控制逐渐减弱，文艺复兴时期的人们开始重新审视艺术的价值，认为艺术不仅是表达宗教信仰的工具，更是表现人的情感、思想和创造力的手段。主体意识的觉醒使艺术创作摆脱了宗教教条的束缚，转向关注人的内心世界和现实生活。通过艺术，文艺复兴时期的人们表达了对自由、理性和人类尊严的追求，展现了人类主体性的丰富内涵。

总之，文艺复兴时期的主体意识觉醒是欧洲思想史上的重要转折点。通过对个体尊严的重视、对理性与自由的追求、对世俗生活的关注以及对个人自主性的强调，文艺复兴时期的思想家们为现代文明的发展奠定了基础。主体意识的觉醒不仅推动了人文精神的重塑，还促进了科学、艺术、教育等领域的繁荣与发展。文艺复兴时期的思想变革为后来的启蒙运动和现代社会的形成提供了重要的思想资源。主体意识的觉醒不仅是一种思想解放，更是一种对人类自身价值的重新确认与肯定。通过对自我和世界的认知与探索，文艺复兴时期的人们开启了现代文明的进程，推动了人类社会的不断进步与发展。

四、启蒙运动时期：人性的高扬

启蒙运动时期，人性得到了前所未有的高扬，这一现象深刻影响了思想、政治、社会等诸多领域。启蒙思想家通过对宗教和封建制度的批判，促使人类重新认识自身的价值、权利与自由，从而推动了人文精神的进一步发展。人性在这一时期不仅得到了理论上的探索，还成为改造社会现实的重要力量。启蒙运动通过强调理性、自由和平等，使得人类的尊严得以确立，人的自主性和创造性成为思想的核心内容。随着人类意识到自身的主体地位，传统的宗教束缚和专制统治遭受了强烈质疑与挑战，人类历史进入了新的阶段。

在启蒙运动的思想体系中，理性占据了中心地位。理性被视为人类区分于其他生物的基本特质，是人性得以高扬的核心基础。通过理性，人类不仅能够认知世界，还能够认识自身。启蒙思想家认为，理性是人的固有能力，且具有普遍性，因此每个人都有权通过理性来追求真理、自由和平等。理性主义的兴起意味着人类不再依赖外部权威的指导或神圣的启示，而是转向自身，依靠独立思考来决定个人和社会的命运。这种思想不仅动摇了神权和封建专制的根基，也确立了人类自身的主导地位。人性通过理性得到彰显，成为社会组织和政治结构改革的理论依据。

启蒙运动高扬人性的另一个重要表现是在自由思想的扩展上。人性与自由密不可分，人的本性在自由中得以完整展现。启蒙思想家认为，自由是人类天赋的权利，每个人都应拥有免受外在约束，特别是专制统治压迫的自由。在这一思想的推动下，启蒙运动时期的学者们逐步构建了以自由为核心的社会理论体系，主张人类不仅拥有思想自由、言论自由，还应享有政治和经济自由。自由不仅是一种权利，更是一种人性实现的方式。通过自由，个体能够在社会中实现自我价值，充分展现其理性与创造力。这种自由的理念成为近代社会变革的理论基础，促使人类逐步摆脱封建制度的束缚，建立了更加符合人性尊严和价值的社会体系。

启蒙运动中关于平等的讨论也是人性高扬的重要体现。平等思想源于对人类普遍性本质的理解，即每个人都具有相同的基本人性，因此在权利和地位上不应有根本区别。这一思想是对封建等级制度的有力批判，推动了现代社会平等观念的形成。人类历史中的不平等现象多源于政治、经济和文化制度的压迫，而启蒙思想家通过理性思考与批判，揭示了这些不平等的非自然性，认为平等是人类社会的应然状态。这种观念进一步促使启蒙时期的人性得到更加广泛的认可，并成为社会变革的重要理论依据。在平等的观念下，个人不再是某一特定阶层或权力的附庸，而是一个拥有独立人格的主体，享有与他人平等的尊严和权利。

与此同时，启蒙运动中的自然观也为人性的高扬提供了理论支持。启蒙思想家通过对自然法则的研究，提出了人类与自然界的关系。人类被视为自然界的一部分，且与其他生物一样，受制于自然规律。对自然规律的探索使得人类在与自然界的关系中重新确立了自己的位置，不再依赖于神学解释，而是通过对自然的认知，确认了人类的权利和自由。自然不仅是人类生存的环境，也是人类理性和自由得以展开的场域。在这种思想影响下，人类开始更为自觉地思考与自然的关系，并进一步推进了对自身价值和尊严的认识。

启蒙运动时期人性的高扬还表现为对个体自主性的强调。个体自主性意味着人类不仅在社会结构中具有独立的地位，而且在思想和行动上也具备独立性。自主性不仅是理性的体现，更是人性得以实现的根本途径。在启蒙思想家的倡导下，个体自主性成为当时社会思想的重要主题，推动了人们对于个人权利、社会契约、政府权力等问题的深入思考。自主性思想主张每个人都应对自己的行为和选择负责，而不是依赖外部权威或传统。自主性思想不仅塑造了个人与社会的关系，还影响了政治制度的设计，促使人类社会逐步向民主和法治的方向发展。

此外，启蒙运动时期的人性高扬与人类创造性的解放密切相关。创造性是人性的核心组成部分，启蒙思想家认为，每个人都有能力通过自己的智慧和努力创造价值。这一思想不仅改变了人们对自身能力的认识，也推动了社会对创造力的重视。启蒙时期的创造性高扬不仅体现在思想领域，还体现在科学、技术、艺术等多个方面。通过创造性，个体得以实现自我价值，同时也为社会进步作出贡献。启蒙思想家通过对创造性能力的强调，进一步推动了对人性的肯定，使得人类在自我实现的过程中展现出无限的可能性。

在启蒙运动时期，人性得到了系统的理论支持，并成为变革社会的思想武器。通过对理性、自由、平等、自然和自主性的讨论，人性被推到了历史

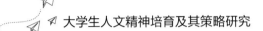
的前台，成为推动社会变革的重要力量。启蒙思想家的贡献不仅在于他们对人性进行了深入的理论探讨，更在于他们通过思想的传播和实践，使得人类社会在思想、政治和文化等方面都发生了深刻的变化。这种变化不仅改变了当时的社会结构，也为现代社会的形成奠定了基础。

启蒙运动中的人性高扬还表现为对权利和责任的重新认识。权利与责任是人类社会生活中的两个重要方面，它们共同构成了社会秩序的基石。启蒙思想家主张，作为独立的主体，个体不仅享有各种权利，还应承担相应的社会责任。这种权利与责任的统一性体现了启蒙运动中对人性尊严的高度重视。个体的权利不仅包括思想自由、言论自由等基本权利，还包括参与社会和政治生活的权利。通过承担责任，个体不仅为社会的和谐与进步作出贡献，还进一步提升了自身的价值和地位。权利与责任的思想进一步巩固了人性在社会中的重要地位，使得个体成为社会进步的主体力量。

启蒙运动时期的社会契约理论为人性的高扬提供了制度上的保障。社会契约理论强调，个体通过理性地选择自愿缔结契约，以建立有序的社会结构。契约是个体理性选择的结果，契约的存在不仅维护了社会的秩序，还保障了个体的权利。启蒙思想家认为，契约的本质在于平等，社会中的每个成员都应享有平等的权利和义务。通过契约，个体能够在理性的指导下与他人建立合作关系，实现个人与社会的双赢。这一思想不仅为近代政治制度的建立提供了理论依据，也为人性在社会中的实现提供了制度上的保障。

启蒙运动时期的人性高扬标志着人类思想的进步，也是人类自我意识觉醒的重要阶段。在这一时期，人类开始更加自觉地认识自身的价值和权利，并通过理性和自由实现自我解放。启蒙运动不仅推动了社会制度的变革，也促进了人类思想的繁荣。通过对人性的深刻理解，启蒙思想家不仅揭示了人类在社会中的地位和作用，还为现代社会的发展提供了理论基础。人性高扬的思想成为现代社会的核心价值观，影响着社会的各个方面，使得人类文明得以不断进步。

五、德国古典哲学时期：人文精神的辩证建构

德国古典哲学时期的人文精神的辩证建构体现了对人的理性、主体性与自由的深入探索，并通过哲学思辨为人类自我意识的觉醒奠定了坚实的理论基础。在这一时期，人文精神的发展呈现出一种辩证的过程，它不仅是对人类理性和自由的肯定，同时也是对人类主体性与客观世界关系的深入探讨。通过对自然、社会、个体之间相互关系的理解，德国古典哲学以一种辩证的方式塑造了人文精神的思想体系，使其逐步从抽象的哲学思辨走向了现实的实践范畴。

德国古典哲学确立了主体性的核心地位。主体性哲学的提出，标志着人类对自我意识的进一步深化。主体性不仅指个体对自身存在的确认，更强调个体通过理性进行自我规范与自我设计的能力。在此过程中，人类的理性被赋予了主导性地位，成为衡量人与世界关系的关键要素。主体性不再仅是对外部世界的感知与理解，而是通过理性的实践，将外部世界内化为自身的一部分，从而达到人与自然、社会的统一。在这一哲学视角下，人不仅是自然的观察者和认识者，更是自然的立法者，通过理性的自律与自然形成一种和谐的共鸣关系。

辩证法作为德国古典哲学的重要工具，展现了人文精神在历史发展中的连续性与矛盾性。通过辩证法，哲学家们揭示了人在现实世界中的存在状态与理性发展的内在张力。人的主体性不仅体现在理性的活动中，还通过对外界的反思与批判，实现对自我与世界的不断超越。在此过程中，人类精神通过正反合的运动，实现了从个体理性到集体理性的过渡，从而使个体不再孤立于世界之外，而是成为宇宙万物的一部分。在这一过程中，人与自然的关系不再是对立的，而是通过辩证的过程逐渐走向和解。这种和解不仅表现在对自然的理性理解上，还体现在人类社会生活的组织与安排上，反映了人类理性在处理社会关系中的重要作用。

人文精神的辩证建构也关涉人与社会的关系问题。通过对个体与社会的

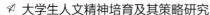

辩证分析，德国古典哲学进一步强调了人类主体性与社会之间的相互依存关系。个体的自由与社会的进步并不是相互对立的，而是在一定的历史条件下相辅相成的。个人的自由在社会中得以实现，社会的进步也依赖于个体的自由发展。在这一哲学框架下，自由不再是抽象的、个人的追求，而是通过社会实践得以实现的具体形态。通过理性的反思与实践，个体不仅能够认识到自身在社会中的地位，还能够通过自身的努力推动社会的进步与发展。

德国古典哲学时期的哲学家们通过对人类理性、自由、主体性以及社会关系的辩证思考，构建了完整的人文精神体系。这一体系不仅为西方人文精神的发展提供了理论依据，还为后世哲学的发展奠定了坚实的基础。在这一理论框架下，人类的自由、理性与主体性被高度重视，并通过辩证法得以进一步深化。辩证法不仅是一种哲学思维方式，更是一种理解世界的方式，它揭示了世界的矛盾性与连续性，并通过对矛盾的分析与综合，揭示了人类精神发展的内在逻辑。

德国古典哲学中的人文精神不仅是对个体理性与自由的肯定，同时也是对个体与外部世界关系的深入探讨。通过对人与自然、社会、个体之间关系的辩证分析，德国古典哲学为人文精神的发展提供了一种全新的视角。在这一视角下，个体不再是孤立的存在，而是通过与世界的互动实现了自我超越与社会进步。通过理性的自律与社会实践，个体不仅能够实现自身的价值，还能够推动社会的进步与发展，从而在更广泛的层面上实现人类自由与理性的统一。

辩证法在这一时期的人文精神建构中扮演了关键角色。辩证思维方式不仅揭示了人类理性与外部世界的互动关系，还通过对矛盾的分析与综合，展现了人类主体性与社会进步之间的辩证统一。通过对个体与社会、人与自然的辩证分析，德国古典哲学为人类精神的发展提供了一种全新的理解方式。在这一理解方式中，个体的自由与社会的进步不是对立的，而是通过辩证的过程逐步实现的。在这一过程中，个体的主体性不仅得到了尊重，还通过与社会的互动实现了自我超越。

人文精神的辩证建构不仅关涉到个体的理性与自由，还涉及个体与外部世界的关系问题。通过对人与自然、社会之间关系的辩证分析，德国古典哲学揭示了人类主体性在世界中的独特地位。在这一哲学框架下，个体不仅是自然的观察者与认识者，还是通过理性与自然互动的创造者与立法者。通过理性的自律，个体不仅能够认识自然，还能够通过理性的实践改变自然，从而实现人与自然的和谐共鸣。在这一过程中，个体的自由不仅是抽象的理性追求，更是通过现实的社会实践得以实现的具体形态。

　　德国古典哲学通过对人类理性与自由的深入探索，构建了完整的人文精神体系。这一体系不仅为西方哲学的发展提供了理论基础，还为人类主体性的发展提供了重要的参考。在这一哲学体系中，个体的自由、理性与社会进步被辩证地统一起来，并通过对矛盾的分析与综合，展现了人类精神发展的内在逻辑。通过对人与自然、社会、个体之间关系的辩证分析，德国古典哲学为人文精神的辩证建构提供了一种全新的视角，使人类主体性在历史发展过程中得以进一步深化与实现。

　　综上所述，德国古典哲学时期的人文精神通过辩证法的运用，展现了个体自由、理性与社会进步之间的复杂关系。通过对个体主体性与外部世界关系的辩证分析，哲学家们揭示了人类理性在处理人与自然、人与社会关系中的重要作用。个体不再是孤立的存在，而是通过与外部世界的互动实现自我超越与社会进步。在这一过程中，理性不仅是认识自然与社会的工具，更是推动社会变革与个人自由实现的动力。通过对辩证法的深入运用，德国古典哲学为人类精神的发展提供了重要的理论依据，并通过对人类自由、理性与社会进步的辩证分析，构建了完整的人文精神体系，使个体的自由与社会进步得以辩证统一。

第三章　大学生人文精神培育的理论支撑

第一节　大学生人文精神培育的战略意义

　　自幼年起，人类便踏上了一场漫长而多变的求知之旅，这一过程跨越数年乃至数十载，旨在让个体能够适配并贡献于日益纷繁复杂的社会生态，这股不竭的学习动力，根植于人类社会独有的深邃与多维性。人们追求的，不仅是基本生存资料的稳固获取，更有对精神境界无尽探索的渴望。为此，社会倾注巨大心力，通过系统的教育体系，将世代累积的精神财富与文化精髓传承至下一代，以促进人类文明的连续性与进步。

　　人文精神作为传承过程中璀璨夺目的瑰宝，汇聚了人类积极向上、智慧深邃的精神创造。在高等教育的殿堂——高校之中，人文精神的培育扮演着举足轻重的角色。它不仅引领着青年学子在心灵的土壤中播种理想、收获成长，为他们的全面发展奠定坚实的精神基石；更在国家与民族的复兴征程上，扮演着灵魂工程师的角色，激发青年一代的文化自信与创新活力，为实现民族梦想贡献不可或缺的精神力量与智慧支持。因此，高校对人文精神的精心培育，其深远意义跨越了个体成长的范畴，直接关联着整个民族乃至人类文明的繁荣与复兴。

一、促进大学生个体成长和发展

在全球化与信息化交织的时代背景下，个体的成长与发展轨迹深刻嵌入社会变迁的洪流之中，展现出前所未有的复杂性与多元性。人的全面发展，是指人的体力与智力实现全面且和谐的增长，涵盖才能的拓展、志趣的培养以及道德品质的塑造等多个层面。它要求人的各项基本素质——被视为构成人格基石的要素——都必须得到均衡且充分的发展。进一步地，这些基本素质被细致划分为德、智、体、美、劳等多个维度，旨在促进学生在这些方面的综合进步①。高校作为知识传承与创新的高地，不仅承载着科学探索与技术革新的重任，更是人文精神培育的摇篮，对于已初步具备社会基本素养的大学生而言，其影响深远而持久。人文精神培育在促进大学生个体成长与发展方面，具体体现在以下四个维度，展现出高度的学术价值与实践意义。

（一）人文精神培育促进大学生健康发展

身心健康作为个体全面发展的基石，是实现人生价值、享受生命美好的先决条件。人文精神的核心在于以人为本，强调对人的全面关怀，这种关怀不仅体现在对物质需求的满足上，更深入到对个体精神世界的呵护与滋养。在高校教育中，人文精神培育通过构建积极向上的校园文化氛围，引导学生树立正确的健康观念，实现从"治疗为主"向"预防为先"的健康管理模式的转变。具体而言，一方面，学校可以依托医学、心理学等学科资源，科学普及健康知识，提升大学生的自我保健能力；另一方面，通过文学、艺术、哲学等人文课程的熏陶，丰富学生的精神世界，培养其良好的心理素质和抗压能力，从而在生理与心理两个层面构筑起坚实的健康防线。

人文精神培育鼓励大学生关注自我与他人，培养同理心与社会责任感，这不仅有助于构建和谐的校园人际关系，还能促进学生在面对生活挑战时采

---

① 赵玉萍. 当前高校大学生人文精神培养研究［D］. 沈阳：辽宁大学，2019：31.

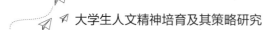

取更加积极、健康的态度，从而有效预防心理问题的发生，促进身心和谐统一的发展。

人格是个体在遗传与环境共同作用下形成的独特心理品质与行为模式的总和。人文精神培育在大学生健全人格的形成过程中扮演着至关重要的角色。它通过引导学生阅读经典文学作品、探讨历史哲学问题、参与社会实践等方式，激发学生的批判性思维与创造性想象，培养其独立思考、勇于探索的精神品质。同时，人文精神强调尊重差异、包容多样，鼓励学生以开放的心态接纳不同的文化观念与价值体系，从而促进其形成开放包容、自信自强的健全人格。

创新是时代进步的灵魂，是国家兴旺发达的不竭动力。人文精神培育在激发大学生创新思维与创造力方面具有不可替代的作用。它鼓励学生跳出传统框架的束缚，勇于挑战权威，敢于提出新观点、新方法。通过人文课程的学习，学生可以接触到不同领域的知识与思想，激发跨学科思维，为创新提供丰富的灵感来源。此外，人文精神还强调实践的重要性，鼓励学生将所学知识应用于实际问题的解决中，通过实践锻炼提升其创新能力与解决问题的能力。

高校阶段是大学生从校园走向社会的重要过渡期，社会适应能力的强弱直接影响到其未来的职业发展与社会参与。人文精神培育通过强化学生的社会责任感与公民意识，培养其良好的职业道德与社会公德，使其能够更好地融入社会、服务社会。同时，人文精神还关注社会热点问题与全球性问题，引导学生关注人类命运共同体的构建，培养其全球视野与国际担当。在这个过程中，大学生不仅学会了如何与他人合作共处、共同解决问题，还树立了为社会进步贡献力量的崇高理想。

（二）人文精神培育提升大学生知识学习水平

在人类文明的长河中，教育始终承载着促进知识传承与创新的重要使命。自古以来，无论是中国古代的"六艺"教育体系，还是古希腊的"七艺"

教育传统，均彰显了跨学科、多维度知识学习的深远价值。进入现代高校教育阶段，专业知识的深度积累虽为核心目标之一，但人文精神的培育作为教育的灵魂，其对于拓宽大学生知识学习的边界、深化其认知结构的作用日益凸显。

第一，人文精神的培养促使高校教育从单一的专业视角转向更为宽广的知识视野。通识教育的兴起，正是这一理念的具体实践。通过跨学科课程的设置与融合，如文理渗透、艺术与科技交叉等，大学生得以在掌握专业知识的同时，接触到更为广泛的知识领域，这种跨领域的学习不仅丰富了他们的知识体系，还促进了不同学科之间的对话与融合，为创新思维的培养提供了肥沃的土壤。

第二，人文精神的培育强化了大学生知识贯通运用的能力。在知识爆炸的时代背景下，单纯的知识积累已难以满足社会发展的需要。人文精神教育鼓励学生跳出专业框架的束缚，运用批判性思维、综合分析能力等高级认知技能，将所学知识融会贯通，解决实际问题，这种能力的提升，不仅有助于大学生在学术研究中取得突破，更为其未来职业生涯中的知识创新与应用奠定了坚实基础。

第三，人文精神对于增强大学生知识记忆的牢固度亦具有积极作用。传统教育往往侧重于机械记忆与应试技巧的训练，而人文精神教育则更注重知识背后的意义与价值，通过情感共鸣、情景模拟等方式，使学习过程更加生动、有趣，这种深度学习与情感体验的结合，有助于加深大学生对知识的理解和记忆，使所学知识能够长久地保留在记忆中，成为其个人知识体系的一部分。

（三）人文精神培育提高大学生实践能力

在教育领域中，"学以致用"不仅是对知识学习的终极追求，更是衡量教育质量的重要标尺。它强调将理论知识转化为实践行动的能力，即个体在掌握专业知识的基础上，能够创造性地应用于解决实际问题，从而推动社会进步与发展。人文精神培育在这一过程中扮演着至关重要的角色，它通过构建以学生为中心的教育生态，提供多元化、深层次的资源平台与人性化服务，成为提升大学生实践能力不可或缺的深层驱动力。

第一，人文精神培育注重激发学生的主观能动性，促进其从被动接受知识向主动探索实践转变。在这一过程中，高校不仅是知识的殿堂，更是思想碰撞与创新的摇篮。学校通过组织各类实践活动、科研项目、社会服务等，为学生提供将所学理论应用于实际的机会，鼓励他们在实践中发现问题、解决问题，从而培养起强烈的实践意识和创新意识，这种由内而外的驱动力，使得大学生在面对复杂多变的现实世界时，能够迅速适应并展现出强大的实践能力。

第二，人文精神强调人才的全面发展，认为教育的目的在于培养能够创造新价值、推动社会进步的高素质人才。因此，在提升大学生实践能力的过程中，人文精神培育不仅关注其专业技能的掌握，更重视其综合素质的提升，包括创新思维、团队协作、沟通协调、领导力等多方面能力的培养，这些综合素质的提升，使得大学生在实践中能够更好地发挥个人优势，与团队成员协同作战，共同应对挑战，创造出更大的社会价值。

第三，人文精神关注实践过程中的伦理道德与社会责任。它引导学生树立正确的价值观、人生观和世界观，使其在追求个人发展的同时，不忘回馈社会、造福人类，这种强烈的社会责任感，使得大学生在实践活动中更加注重社会效应与长远利益，从而在实践中展现出更高的道德水准和更强的社会责任感。

（四）人文精神培育帮助大学生树立正确的价值取向

在全球化与信息化交织的当代社会，价值取向作为个体认知世界、指导行为的内在准则，其重要性不言而喻，它不仅是个人主观意识与客观环境互动的产物，更是文化传承、社会变迁与个人成长相互作用的集中体现。面对信息时代带来的前所未有的社会变革与多元文化冲击，大学生群体作为社会进步的重要力量与先进文化的传承者，其价值取向的正确性直接关系到国家未来、民族希望及社会稳定。因此，如何在复杂多变的社会环境中，帮助大学生树立正确的价值取向，成为高等教育领域亟待解决的重要课题。

人文精神作为人类文化精髓的集中体现，其核心价值在于关注人的全面发展、追求真善美、倡导和谐共生。在培育大学生正确价值取向的过程中，人文精神发挥着不可替代的作用。

第一，人文精神强调精神世界的丰富与品性人格的和谐，通过文学、艺术、哲学等多元文化的熏陶，引导大学生在心灵深处构建起坚实的道德基石与审美标准，从而在面对纷繁复杂的信息与多元文化时，能够保持清醒的头脑与独立的判断力，避免被错误的价值观念所误导。

第二，人文精神培育注重培养大学生的批判性思维与独立思考能力。在信息爆炸的时代背景下，大学生需要具备筛选、分析、评价信息的能力，以辨别真伪、区分善恶。人文精神通过提供丰富的思想资源与方法论指导，帮助大学生学会运用批判性思维审视周围世界，形成自己的见解与判断，从而在面对社会问题与矛盾时，能够采取积极、理性、负责任的态度去处理与解决。

第三，人文精神还强调社会责任感与公民意识的培养。在全球化日益加深的今天，个人命运与国家、民族乃至全人类的命运紧密相连。人文精神通过讲述历史、传承文化、弘扬美德等方式，激发大学生的爱国情怀与民族自豪感，同时培养其全球视野与国际责任感。这种责任感与意识将促使大学生在追求个人发展的同时，不忘回馈社会、服务人民，为实现中华民族伟大复兴的中国梦贡献自己的力量。

第四，人文精神培育对于促进大学生心理健康与人格完善同样具有重要意义。在快节奏、高压力的现代社会中，大学生面临着学业、就业、人际关系等多重压力。人文精神通过提供情感慰藉与精神寄托，帮助大学生建立积极向上的心态与乐观的人生态度，从而在面对挫折与困难时能够保持坚韧不拔的毅力与勇往直前的勇气。

二、增强民族自信，实现中华民族伟大复兴

中华民族这一屹立于世界民族之林的古老而年轻的族群，其文明之光穿越五千年悠悠岁月，照亮了人类进步的道路，贡献之巨，影响之深，实乃不可磨灭。中华文化的深厚底蕴，如同一部浩瀚无垠的史书，记录着中华民族从远古走来的坚韧与智慧，承载着民族最深沉的精神寄托与追求，其精髓之处，正是中华人文精神的集中体现——那是一种根植于血脉、融于骨髓的文化基因，是维系民族认同与团结的纽带，是推动社会进步与文明发展的不竭动力。

民族自信作为衡量一个国家精神风貌的重要标尺，其强弱与国家综合国力的兴衰之间存在着深刻的内在联系。诚然，国家实力的增强是国家兴旺的基石，但民族自信这一精神支柱的力量同样不容忽视。它如同一股无形的力量，激励着人民在困难与挑战面前不屈不挠，勇于探索，将个人的梦想融入国家的发展蓝图之中，共同书写时代的华章。对于大学生而言，提升人文精神不仅是个人修养的需要，更是增强民族自信心和自豪感，为实现中华民族伟大复兴的中国梦贡献力量的关键所在。

回顾历史，中华民族在东亚乃至世界的舞台上，始终扮演着举足轻重的角色。中国，这片广袤的土地，不仅是亚洲面积最大的国家，更是长期以来东亚地区经济、政治、文化的中心。经济上，中国古代的农业文明高度发达，曾长期引领世界经济的潮流，展现了中华民族勤劳智慧、勇于创新的精神风貌。政治上，中国作为东亚朝贡体系的核心，通过和平交往与友好合作，构建了稳定的地区秩序，展现了中华民族开放包容、和谐共生的外交智慧。文化上，以儒家文化为代表的中华文明，以其独特的魅力和深远的影响，不仅塑造了中华民族的精神世界，也促进了东亚乃至世界文化的交流与融合，成为人类文明宝库中一颗璀璨的明珠。

正是基于这样的历史底蕴与文化自信，中华民族在现代化建设的征程中，更加坚定了自己的道路选择与价值追求。大学生作为国家的未来和民族

的希望，其人文精神的提升显得尤为重要。通过深入学习中华文化的精髓，了解中华文明的历史渊源、发展脉络和未来趋势，大学生们能够更好地把握民族精神的内涵与价值，增强对民族文化的认同感与自豪感，进而将这份情感转化为实际行动，积极投身到国家建设和社会发展的伟大事业中去，为实现中华民族伟大复兴贡献自己的青春和力量。

中华文明历经千年沧桑而不衰，其展现出的顽强生命力与持续创新能力，构成了人类文明史上的一道独特风景线。中华人民共和国的成立，不仅标志着中华民族历史性地迈入了崭新的发展阶段，更在短短数十年间，通过国家综合实力的显著提升，彰显了中华民族从自卑到自信、从追赶至超越的壮丽历程。这一转变的深层动力，源自中国人民的集体力量与中华民族人文精神的不竭源泉。

在科技领域，我国深入践行科技是第一生产力的核心理念，通过集中优势资源、优化创新生态，已跻身世界科技强国之列。国家层面的大力推动与全民参与的科技创新热潮相结合，促使科技成果在多个关键领域实现突破并广泛应用，不仅提升了国家核心竞争力，也为全球科技进步贡献了中国智慧与中国方案。

政治制度层面，中国特色社会主义制度的建立与完善，是中华民族在探索适合自身发展道路过程中取得的重大成就，也是对人类文明进步作出的独特贡献。这一制度以其强大的组织动员能力、高效的决策执行机制以及深厚的群众基础，为国家的长期稳定发展提供了根本保障，也为全球治理体系的完善提供了有益借鉴。

经济方面，中国坚定不移地推进改革开放，开启了全面开放的新时代，致力于构建高水平社会主义市场经济体制和现代化经济体系。通过优化经济结构、提升产业链水平、促进内外循环畅通等措施，中国经济实现了持续快速增长，不仅为世界经济增长提供了强劲动力，也为全球经济的稳定与发展作出重要贡献。

文化维度上，中华文化以其独特的魅力、深邃的内涵和广泛的包容性，

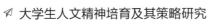

赢得了越来越多国际友人的青睐与认同。随着全球化的深入发展，中华文化在国际舞台上的影响力日益增强，成为连接不同文明、促进世界文化交流互鉴的重要桥梁。这种文化自信的增强，不仅丰富了世界文化的多样性，也进一步提升了中华民族的国际地位和影响力。

在中国迈向世界强国行列的新时代背景下，高校教育应当深刻认识到树立和谐人文导向的紧迫性与重要性。人文精神的深度培育，不仅是塑造全面发展人才的关键环节，更是激发大学生民族自豪感与自信心的内在动力。通过系统而深入的人文教育，大学生能够全面追溯我国悠久而灿烂的历史脉络，深刻理解中华民族在历史长河中创造的辉煌成就与独特贡献，从而形成一种基于深刻自知的民族自信。这种自信，源自对过往辉煌的认同与自豪，是坚定中国特色社会主义道路信念的坚固基石。

人文精神的滋养还促使大学生在世界观、人生观、价值观的构建上达到新的高度，它引导大学生以理性的视角审视世界，培养起一种大局观与全球视野，使他们能够清晰地认识到当前国际格局的复杂多变，以及我国在全球舞台上所面临的机遇与挑战。这种认知能力的提升，有助于大学生在纷繁复杂的信息时代中保持定力，做出正确的价值判断与选择。

任何伟大成就的取得都是历经艰辛、持续努力的结果，任何发展道路都不可避免地伴随着挑战与风险。因此，高校教育在培育人文精神的同时，应鼓励当代大学生勇于担当、积极进取，将个人理想融入国家发展大局之中，自觉肩负起建设强大祖国的历史使命。在人文精神的感召下，大学生应不断提升自我修养，增强社会责任感，以实际行动践行社会主义核心价值观，为实现中华民族伟大复兴的中国梦贡献青春力量。

第二节　大学生人文精神培育的原则遵循

人文精神以及对人的关注为内在规定性，是对人的价值、人生意义与人类命运的关注①。人文精神作为人类文化宝库中的瑰宝，其涵盖的范围极为广泛，涉及哲学、历史、文学、艺术、伦理道德等多个领域，深刻影响着人类的思想观念、行为方式及社会发展。正因其广泛性，确立人文精神培育的原则显得尤为关键，这需要从多个维度进行深入思考与规划。

一、历史维度：历史性与时代性相结合

人文精神的培育深深植根于历史的土壤之中。通过对中华民族悠久历史文化的学习与探究，大学生能够更加深入地理解和体会中华民族特有的精神特质与文化底蕴，这不仅有助于他们增强民族自信心与自豪感，还能激发其对传统文化的认同与热爱。中华文明的博大精深，为人文精神的内涵提供了丰富的养分，使学生在学习中获得价值认同和精神指引。

然而，历史不仅是过去的回顾，它同时也是时代的镜子。人文精神的内涵必须随着时代的发展而不断演进，以适应社会变化带来的新挑战与新机遇。在此过程中，大学生应当认识到，人文精神并非静止不变的，而是一个动态发展的概念。因此，在人文精神的培育中，应当紧密结合当代社会的实际需求和发展趋势，为人文精神赋予新的时代内涵。这一过程不仅能使人文精神更具现实意义，还能使其更加符合现代社会的价值取向与道德标准。

同时，历史的学习与当代社会的需求并不是对立的，而是相辅相成的。在培养大学生人文精神的过程中，教师需要引导学生将历史文化的深厚积淀与当下社会的多元价值观相结合，促使他们在历史与现实的对话中形成独立而深刻的思考能力。通过对历史的反思与对现代问题的关注，学生能够更全面地理解人文精神的复杂性，从而在实践中运用这些价值观去应对生活与学习中遇到的各种挑战。

在大学生人文精神的培育过程中，必须充分考虑历史性与时代性的结合。这不仅是对传统文化的继承与发扬，更是对未来社会发展的积极回应。

---

① 王文佳. 当代科学精神与人文精神的融通［J］. 思想战线，2011，37（S1）：213.

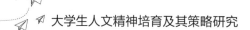

只有在历史的深厚积淀与现代价值观的引领下，大学生的人文精神才能真正得到有效的培育，进而在各自的专业领域与社会生活中展现出其应有的影响力与引导力。这样的教育模式，不仅能够提升学生的综合素养，还能促进他们成为具有责任感与使命感的社会公民。

二、文化维度：遵循多样性与包容性相统一

在当代社会背景下，从文化维度出发，大学生的人文精神培育必须遵循多样性与包容性相统一的原则。这一原则不仅反映了人类文明的丰富性，也体现了人文精神的复杂性与深刻性。文化多样性作为人类文明进步的重要动力，表明了不同文化背景下的人文精神所呈现出的独特特征和内在价值。各类文化在历史长河中经过不断地积累与演变，形成了各自独具特色的人文精神，这种多样性为人类的创新与发展提供了源源不断的动力。

在培育过程中，教师应尊重并吸纳各种文化的精华，从而促进不同文化之间的交流与融合。这种跨文化的对话不仅能够丰富大学生的视野，使他们在面对多元文化时具备更为开放的心态，还能帮助他们认识到不同文化之间的互补性与协同性。通过深入探讨和理解不同文化的内涵，学生能够在文化交汇点上形成独特的思维方式，进而推动个人及社会的发展。

包容性作为人文精神的重要特征，意味着我们需要以更加开放的姿态接纳各种观点、信仰与生活方式的存在。这不仅是对个体差异的尊重，更是对社会多样性的积极肯定。包容性促进了社会的和谐与稳定，能够有效减少由于文化差异而引发的误解与冲突。在这样一个多元文化交融的时代，大学生必须学习如何在尊重他人文化的基础上，理性表达自身的观点，以建设性的方式参与到社会的对话中。

为此，大学生的人文精神培育应当重视对包容性教育的融入。在课程设计中，应当引入多样化的文化内容，鼓励学生在讨论与交流中碰撞思想火花，形成更加丰富的人文视野。通过案例分析、文化交流活动等多种形式，学生能够在具体的情境中理解和体验文化多样性的重要性，同时锻炼自身的包容

性思维能力。

在推动文化多样性与包容性的过程中,教师需要引导学生避免文化优越感的产生。每一种文化都有其独特的历史背景与价值体系,任何试图以单一文化标准来评价其他文化的做法,都是对人文精神的误解。因此,培养学生在多元文化环境中进行理性反思和批判性思考的能力,将是促进其人文精神全面发展的重要任务。

总之,在大学生人文精神的培育中,遵循多样性与包容性相统一的原则,不仅能够推动文化的交融与创新,还能够增强学生对社会的责任感与使命感。在这一过程中,学生将不仅成为文化多样性的参与者,也将成为包容性文化的倡导者与传播者,从而为构建和谐社会贡献自己的智慧与力量。这样的教育模式,将有助于培养出具有全球视野和人文关怀的高素质人才,为社会的可持续发展奠定坚实基础。

三、教育维度:坚持理论与实践相结合

在大学生人文精神的培育过程中,从教育维度考虑,必须坚持理论与实践相结合的原则。这一原则强调了理论知识与实际经验之间的相互依存关系,认为只有将两者有机结合,才能实现人文精神的有效培育与深入内化。

理论知识作为人文精神的基础与支撑,具有不可或缺的地位。通过系统的理论学习,大学生能够获取有关人文精神的基本概念、历史脉络和核心价值观念。这一过程不仅帮助学生建立起对人文精神的初步理解,也为其后续的实践活动提供了必要的思想指导和知识储备。然而,仅有理论知识而缺乏实践体验,往往会导致学生在理解人文精神时陷入抽象与肤浅的境地。人文精神的真正内涵和价值,只有在具体的社会情境中才能得到真实的体现。

因此,在人文精神的培育过程中,应特别注重将理论知识与现实生活和社会实践相结合。这种结合不仅能够使学生将所学理论知识应用于实践,从而加深对人文精神的理解和认同,还能通过具体的实践活动让学生切身感受到人文精神的魅力与价值。参与志愿服务、文化活动和社会实践等形式,能

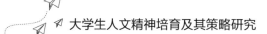

够为大学生提供与社会互动的机会，使他们在真实的社会情境中体验到人文关怀的重要性。

例如，在志愿服务过程中，大学生不仅能为社区提供帮助，更能在服务中体会到助人自助、关爱他人的人文精神。在这一过程中，他们能够感受到人文精神所蕴含的社会责任感与道德义务，从而更加自觉地践行这一精神。同样，通过参与文化活动，学生不仅能学习到丰富的文化知识，还能够在活动中体会到不同文化的价值，培养开放包容的心态和尊重多样性的意识。

在坚持理论与实践相结合的过程中，教师的引导作用至关重要。教师应通过精心设计的课程与实践活动，帮助学生在理论与实践之间建立起清晰的联系。例如，可以通过讨论会、案例分析和实践反思等方式，促使学生在实践后对所经历的活动进行深入的思考与总结，从而将实践经验升华为更为系统的理论认识。

大学生人文精神培育坚持理论与实践相结合的原则，在这一过程中，理论知识为实践提供了方向，而实践则为理论赋予了生命。通过这种相辅相成的关系，学生不仅能够全面理解人文精神的内涵，还能在日常生活中自觉践行这一精神，从而成长为具有人文关怀与社会责任感的高素质人才。这样的教育模式，不仅提升了学生的综合素养，更为他们未来的职业发展与社会贡献奠定了坚实的基础。

四、个体维度：坚持以学生为中心

"以人民为中心"的核心理念，作为我国人文精神的基石，深刻体现了人类社会进步与延续的终极追求——增进人民福祉，其本质核心即在于服务人民、造福人民。在塑造与培育大学生人文精神的过程中，坚定不移地贯彻以人民为中心的发展思想，是不可或缺的一环。这一思想植根于中华优秀传统文化的深厚土壤之中，它不仅是对传统"以民为本""群己和谐"精神的现代诠释与传承，还巧妙融合了西方哲学对个体价值与利益的重视与尊重，是中国特色社会主义实践长期探索与积淀的宝贵成果。

"以人民为中心"不仅是中华民族自古以来精神追求的高度凝练，更是顺应当代中国国情与时代发展趋势的必然选择。因此，在将这一发展思想融入当代大学生教育体系时，其核心要义便自然而然地转化为"以学生为中心"，强调教育应围绕学生的全面发展展开，致力于培养能够心系人民、服务社会的时代新人。

（一）坚持"以学生为中心"，要注重人性关怀

　　在高等教育的殿堂中，坚持"以学生为中心"不仅是教育理念的核心，更是实践行动的指南。这一原则要求我们细致入微地关注学生的每一个体需求，构建一个充满尊重、理解与支持的成长环境。学校应致力于营造一个开放包容的校园文化氛围，鼓励学生勇于表达自我，让每一位学生都能感受到被尊重的价值与意义。通过定期的师生交流会、心理健康讲座及一对一咨询等形式，深入了解学生的内心世界，倾听他们的声音，确保每位学生的个性化需求都能得到及时的关注与回应。

　　在此基础上，强调对学生平等观念与民主意识的培养。通过开设相关课程、组织讨论会及社会实践等活动，引导学生深刻理解平等与民主的真谛，认识到自身作为社会一员所享有的权利与应承担的责任。同时，鼓励学生积极探索自我，发现并满足本我个体的发展需求，促进个人潜能的最大化发挥。

　　身心健康是大学生全面发展的基石。因此，将学生的身心健康视为头等大事，不仅加强体育课程的设置与教学质量，还积极开展各类体育活动和竞赛，激发学生的运动热情，培养他们强健的体魄。同时，生命教育也被纳入必修课程，引导学生珍视生命、尊重生命，学会在挫折与困难面前保持坚韧不拔的精神风貌。此外，还应建立完善的心理健康教育体系，为学生提供专业的心理咨询服务，帮助他们解决心理困扰，培养积极向上的生活态度。

　　在日常管理中，学校更是将"以学生为中心"的理念贯穿于每一个细节之中。无论是学习生活的安排、课外活动的组织还是校园环境的营造，都充分考虑学生的实际需求与感受。应注重培养学生的和谐人格与团队协作能

力，通过组织丰富多彩的社团活动、志愿服务及社会实践等活动，让学生在实践中学习合作、学会分享。同时，鼓励学生发挥主观能动性，积极参与学校的管理与决策过程，让他们在参与中感受到自己的价值与力量。

（二）坚持"以学生为中心"，要关注学生个体差异性

在当今社会多元化与专业化并进的背景下，社会分工的日益精细不仅标志着职业领域的广泛拓展，也深刻体现了对个体潜能与兴趣差异性的高度认可，这一趋势深刻契合了人文精神中强调尊重个体独特性、倡导自由发展与优势放大的核心理念。面对社会竞争日益激烈的现实环境，高校教育面临着在功利化与实用主义倾向与坚守人文精神教育价值之间的平衡挑战。

为此，大学生人文精神的培育必须坚定不移地遵循"以学生为中心"的原则，并将此原则深化至教育实践的每一个角落。具体而言，高校教育应致力于构建一个多元化、包容性的教育体系，通过跨学科、多角度的教学模式创新，为学生提供更为丰富多样的知识探索路径与能力培养渠道。这要求教育机构不仅要在课程设置上体现广泛性与深度性，还要注重教学方法的灵活性与针对性，以满足不同背景、不同兴趣、不同能力水平学生的个性化需求。

同时，为有效促进学生个体优势的发挥与自由发展，高校应大力推动实习实践平台的构建与优化。这些平台不仅应覆盖广泛的行业领域，还应提供多样化的实践机会与项目，以帮助学生将理论知识与实践能力相结合，更好地了解自我、认识社会，并在此过程中发现并培养自身的兴趣与专长。

因材施教作为"以学生为中心"原则的具体体现，也是大学生人文精神培育中不可或缺的一环。教育机构应建立完善的学生评价体系与个性化发展指导机制，通过对学生学习表现、兴趣爱好、职业规划等多方面的综合评估，为学生提供量身定制的发展建议与支持，这不仅能够帮助学生更好地规划未来、实现自我价值，也能够在教育实践中进一步彰显人文精神的核心价值——尊重个体、关注成长、促进自由发展。

（三）坚持"以学生为中心"，要鼓励学生解放思想，积极创新

培育大学生的人文精神，尤为关键的一环在于促进学生思想的自由解放与创新潜能的充分激发。高校作为知识与思想的摇篮，应当致力于构建一个开放、包容、自由的文化交流生态系统，为学生解除传统束缚，提供广阔的思维空间。为实现这一目标，高校需营造一种鼓励多元观点、尊重差异、倡导平等对话的学术氛围。通过组织多样化的学术论坛、研讨会及跨学科交流活动，促进师生间、生生间的深入思想碰撞与交融，从而激发学生的批判性思维与独立探索精神。这种环境能够滋养学生勇于质疑、敢于挑战权威的品质，为他们的思想解放与创新创造奠定坚实的心理基础。

鉴于当前国家对于创新创业的高度重视与推动，高校教育更应积极响应这一时代号召，将培养学生的创新意识与创业能力作为人文精神培育的重要组成部分。通过开设创新创业课程、设立创新实验室、举办创业大赛等多元化途径，为学生提供系统的创新思维训练与实践平台。在此过程中，学校应扮演引导者与支持者的角色，帮助学生拓宽视野、激发灵感，构建完善的创新思维体系，并鼓励他们将创意转化为实际项目，通过实践验证与不断调整，最终实现对现实的超越与自我价值的实现。

五、民族维度：坚持以中华民族文化心理结构为依托

每一种民族文化之所以能在物质形态、制度构建及观念体系上展现出独特的风貌，其根源在于深植于其民族灵魂深处的文化心理结构。这一结构，作为民族精神的本质体现，不仅塑造了民族成员共有的文化心理表层特征，更深刻地影响着其深层的价值观念与思维方式，成为民族文化传承与创新的内在驱动力。

中华民族，一个拥有数千年辉煌历史的古老民族，其文化心理结构的形成是漫长历史积淀的结果。这一结构不仅蕴含了古代文明演进过程中对不同人生困境的独特解答策略，还作为一种隐性的指导原则，贯穿于中华民族的

人生态度、思维模式及价值体系之中。经过时间的洗礼，这些特质已深深融入民族血脉，成为中华民族独有的文化基因，对国民的文化认同、社会行为乃至国家的人文精神发展产生着深远影响。

在中华民族的文化心理结构中，儒家思想占据了核心地位，同时兼收并蓄了道家、墨家、法家等多家思想精髓，共同构筑了一个以"仁""义""礼""孝"为核心价值观的道德体系。这一体系不仅倡导"天人合一"的自然和谐观，强调人与自然的和谐共生，还注重社会内部的群体和谐，追求社会的稳定与繁荣。中华民族的文化心理在以下方面展现出显著的不同。

第一，中华民族强调"和"的理念，注重群体关系的和谐与平衡。这一理念体现在"中庸之道"的处世哲学中，追求内心的平和与对外界的包容，倡导"天人合一"与"顺势而为"，体现了中华民族独特的和谐精神与自然观。

第二，"孝"作为中华民族文化心理的重要组成部分，体现了对血缘关系及家庭体系的深厚认同。在"修身、齐家、治国、平天下"的传统观念中，"齐家"被置于"治国"之前，凸显了家庭在国家治理中的基础性作用。这种对家庭的重视，不仅强化了社会的基本单元，也为国家的长治久安提供了坚实的支撑。

第三，"仁"作为治世之道，在中华民族的文化心理中占有举足轻重的地位。在很多时候，情感与道德的考量甚至超越了法律的界限，形成了独具特色的"人情社会"。在这种社会中，"情""理""法"的排序反映了中华民族对人性关怀的重视及对和谐秩序的追求。

第四，中华民族的文化心理结构还展现出极强的包容性。在多元文化的背景下，汉族文化与各少数民族文化相互融合、共生共存，形成了既统一又多元的文化格局。在信仰领域，儒释道并立不悖，各种信仰相互尊重、和谐共处，体现了中华民族开放包容的文化心态。

大学生人文精神的培育要深刻理解和充分尊重我国民族文化的心理结构，以确保这一培育过程能够紧密契合民族文化根基，顺应民众心理预期，从而不仅满足个体成长的需求，更契合国家长远发展的战略要求。

六、社会维度：坚持以社会主义核心价值观为价值导向

社会主义核心价值观——富强、民主、文明、和谐，自由、平等、公正、法治，爱国、敬业、诚信、友善——从三个层面即国家层面、社会层面和个人层面，倡导了我国当前和未来的价值要求和发展目标，是凝练了的中国当代人文精神的价值内核，所以，当代大学生人文精神培育要以社会主义核心价值观为导向。

（一）富强、民主、文明、和谐

"富强、民主、文明、和谐"这一国家层面的价值目标，不仅是对国家整体发展蓝图的精准描绘，更是对中华民族悠久人文精神传统在现代社会的创造性转化与创新性发展。这一价值体系，作为中华民族面向未来、不懈奋斗的指南针，不仅蕴含了中华民族自古以来对于理想社会的向往与追求，更是当代中国社会发展实践的必然产物与理论指导。

1. 富强：物质基础与精神追求的双重飞跃

"富强"一词，在当代大学生人文精神培育中，被赋予了更为丰富的内涵。它不仅指向物质财富的积累与国家经济实力的增强，更强调在此基础上，实现人民精神世界的充实与提升。通过教育引导，使大学生深刻理解到，真正的富强是物质文明与精神文明的双轮驱动，是国家综合实力与国民素质的共同提升。

2. 民主：政治参与的深化与公民意识的觉醒

"民主"原则要求大学生人文精神培育必须关注民主制度的普及与深化，培养大学生的民主意识与参与能力。这意味着不仅要让大学生了解民主制度的基本框架与运作机制，更要激发他们作为社会公民的责任感与使命感，鼓励他们积极参与公共事务，为构建更加开明、公正的社会环境贡献力量。

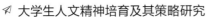

3. 文明：开放包容的文化态度与高尚的道德情操

"文明"作为人文精神的重要维度，强调大学生应具备开放包容的文化心态与高尚的道德情操。在全球化日益加深的今天，大学生应成为不同文化交流互鉴的桥梁与纽带，以开放的心态接纳多元文化的碰撞与融合。同时，他们还应不断提升自身的道德修养与人文素养，成为社会道德的楷模与引领者。

4. 和谐：社会生态的优化与人际关系的和谐共生

"和谐"原则要求大学生人文精神培育必须注重社会生态的优化与人际关系的和谐共生。在复杂多变的社会环境中，大学生应学会以和谐为价值导向，处理个人与他人、个人与社会之间的关系，促进社会的良性运行与协调发展。同时，他们还应关注自然环境与人文环境的和谐统一，积极参与生态文明建设，为实现人与自然的和谐共生贡献力量。

大学生群体是未来承担社会发展重任的群体，深刻解读国家层面的社会主义核心价值观，理解中华民族几千年来的民族精神浓缩，了解民族复兴的奋斗方向，会帮助大学生明确身上肩负的历史使命和社会责任，帮助大学生树立实现中华民族伟大复兴的远大理想。

（二）自由、平等、公正、法治

"自由、平等、公正、法治"体现了国家建立良性社会氛围的价值取向。社会的整体风气与个体素质行为相互影响，秩序良好的社会氛围会促进个体的正向发展，而个体素质的提高又会有利于整体社会风气的提升。

1. 自由：理性边界内的自我实现

自由在大学生人文精神培育中，被赋予了更为深刻而积极的内涵，它是在深刻理解社会规范与道德准则的基础上，个人意志与创造力的自由挥洒。高校作为思想碰撞与知识创新的摇篮，应鼓励学生勇于探索未知，敢于表达自我，但同时也要引导他们认识到，真正的自由是在尊重他人权利与维护社会秩序的前提下实现的。通过教育引导，大学生将学会在自由与责任之间找到平衡点，以理性的光芒照亮自我实现的道路。

2. 平等：尊重差异，共享机遇

平等强调的是每个公民在人格尊严、权利享有及机会获取上的无差别对待。在高校人文精神培育中，平等不仅意味着教育资源的均衡分配，更在于对每个学生个性差异的尊重与包容。通过构建多元化的教育环境，高校应努力消除偏见与歧视，让每个学生都能在公平竞争的舞台上展现自我，共享成长与成功的机遇。同时，大学生也应树立正确的平等观，认识到平等不等于平均，而是基于能力与贡献的合理分配。

3. 公正：正义之光的普照

公正是社会和谐稳定的基石，也是大学生人文精神培育中的重要内容。它要求社会在分配资源、评价成果时遵循公平、公正的原则，确保每个人的努力都能得到应有的回报。在高校教育中，公正不仅体现在学术评价、奖学金评定等具体事务上，更贯穿于整个教育过程之中。通过培养学生的公正意识与批判性思维，高校将帮助他们学会客观看待社会现象，理性分析问题，勇于维护正义与公平。

4. 法治：社会秩序的守护者

法治作为现代社会治理的基本方式，是维护社会稳定、保障人民权益的坚强后盾。在高校人文精神培育中，法治教育不可或缺。通过系统学习法律知识，了解法律精神，大学生将深刻认识到法治对于国家长治久安的重要性。同时，他们也将学会运用法律武器维护自身权益，积极参与社会法治建设，成为推动社会进步的重要力量。在法治的阳光下，大学生将更加自信地走向社会，以法律为准绳，以正义为指引，书写属于自己的精彩人生。

"自由、平等、公正、法治"不仅是国家构建和谐社会秩序的基石,更是大学生人文精神培育的重要内容。通过深入阐释与实践这些核心价值,高校将帮助大学生树立正确的世界观、人生观和价值观,培养他们成为具有高尚品德、强烈社会责任感和创新精神的时代新人。

(三)爱国、敬业、诚信、友善

"爱国、敬业、诚信、友善"从个人行为层面提出了公民应当遵循的价值标准。

1. 爱国:心灵的归宿与力量的源泉

爱国情怀,是流淌在中华民族血脉中的不竭动力,也是大学生人文精神培育的核心要素。在全球化浪潮汹涌的今天,高校教育更应强化爱国主义教育,让每一位大学生深刻理解"国家兴亡,匹夫有责"的深刻内涵。我们不仅要讲述历史的辉煌与沧桑,更要引导他们关注国家的现状与未来,激发他们内心的家国情怀。让大学生明白,个人的命运与国家的命运紧密相连,唯有国家的强盛,才能为每个人提供广阔的发展空间和安全保障。在面对复杂多变的国际局势时,大学生应坚定立场,自觉维护祖国统一和民族团结,成为捍卫国家利益的坚强后盾。

2. 敬业:职业生涯的启航与人生的价值追求

敬业精神,是大学生步入社会前必须锤炼的重要品质。在高校阶段,虽然大多数学生尚未直接涉足职场,但敬业精神的培养却应贯穿始终。一方面,大学生应珍惜在校时光,努力学习专业知识和技能,不断提升自我综合素质,为未来的职业生涯奠定坚实基础。另一方面,他们还应树立正确的职业观念,深刻理解职业的意义和价值,培养对工作的热爱和敬畏之心。在未来的工作中,大学生应秉持敬业精神,忠于职守、勤勉尽责、勇于创新、追求卓越,以实际行动践行服务人民、服务社会的崇高使命。

3. 诚信：社会交往的基石与人格魅力的展现

诚信，是人际交往中最宝贵的品质之一，也是社会和谐稳定的重要基石。在高校人文精神培育中，诚信教育不可或缺。通过教育引导，大学生应树立诚信为本的价值观，无论在学习、生活还是未来的工作中，都应坚持诚实守信的原则。他们应珍惜自己的信誉和名誉，做到言行一致、表里如一。同时，大学生还应积极传播诚信文化，用自己的实际行动影响和带动身边的人，共同营造一个讲诚信、重信誉的良好社会氛围。

4. 友善：人际和谐的润滑剂与幸福生活的源泉

友善，是人与人之间相处的润滑剂，也是幸福生活的源泉。在高校人文精神培育中，培养大学生的友善之心同样至关重要。通过教育引导，大学生应学会尊重他人、理解他人、关心他人，以友善的态度对待身边的每一个人。他们应积极参与志愿服务和社会公益活动，用自己的爱心和行动传递正能量，为社会和谐贡献自己的力量。同时，大学生还应培养自己的同理心和共情能力，学会站在他人的角度思考问题，感受他人的喜怒哀乐，从而建立更加深厚的人际关系网。

"爱国、敬业、诚信、友善"这四条核心价值准则，不仅为大学生人文精神培育提供了明确的方向和目标，更为他们的成长之路注入了强大的精神动力。通过深入学习和实践这些准则，大学生将不断提升自我修养和综合素质，成为具有高尚品德、强烈社会责任感和创新能力的新时代青年。

社会主义核心价值观，根植于数十年波澜壮阔的中国特色社会主义实践土壤之中，它深邃而精准地回应了国家建设的宏伟蓝图、社会发展的理想模式以及公民品德的塑造标准这三大时代命题。这二十四字的精炼表述，不仅是中华民族悠久文化深厚底蕴与现代智慧的璀璨结晶，也是紧密贴合当代中国社会发展现实需求的时代强音。在此背景下，中国当代大学生人文精神的培育工作，被赋予了更加深远的意义与使命。它必须坚定不移地以社会主义

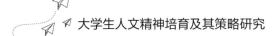

核心价值观为精神灯塔和价值坐标，引领青年学子在思想深处树立起正确的世界观、人生观和价值观。通过这一价值导向的深化实践，旨在培育出一批批心怀家国情怀、具备高尚品德、勇于担当民族复兴历史重任的新时代青年才俊。

第三节　大学生人文精神培育的内容架构

人文精神体现了人类对真善美的永恒追求，"真"处于人文精神的基础地位，要提倡大学生对真理的探求，和对是非真伪的辨别能力；"善"是人文精神的根本，人的培养根在于"德"，立人应先立德，拥有社会情怀会让人自觉提升个人道德，从而提升"善"；"美"是人文精神的体现，大学生审美教育旨在提升大学生的审美能力和对美的追求，最终帮助他们形成和谐的人格进而实现和谐的社会。

一、"真"是人文精神的基础

在人类文明的长河中，人文精神的构建始终围绕着对"真"的深刻理解和不懈追求。这一"真"的探寻，不仅是对自然界奥秘的揭示，更是对人类社会价值与道德规范的深刻反思与构建，共同构成了人文精神不可或缺的基石。

（一）事实真理

高校作为知识的殿堂与创新的源泉，其核心使命之一在于引导学子们深入探索事实真理，这一过程不仅涉及对自然界客观规律的认知与掌握，更是一场对人类智慧与勇气的深刻考验。在追求事实真理的征途中，大学生应当秉持严谨的科学态度，勇于质疑既有理论，敢于挑战权威观点。通过不懈的努力与创新的思维，他们能够不断拓展人类认知的边界。

科学探索的道路从来不是一帆风顺的，而是充满了未知与挑战。正是这些挑战激发了人类探索未知的渴望，推动了科学技术的飞速发展。历史上，从古希腊哲学家对宇宙本质的哲学思辨，到现代科学家对微观粒子及宏观宇宙的不断探索，人类对事实真理的追求从未停歇。大学生作为未来的科学家与思想家，理应继承并发扬这种科学精神，以更加开放的心态与更加坚韧的意志，投身于科学探索的伟大事业中。他们不仅要掌握现有的知识体系，更应勇于探索未知领域，推动科学的进一步发展与人类文明的进步。在这一探索过程中，大学生们还应关注科学研究的伦理与社会责任，认识到他们的研究不仅关乎理论的创新，更可能对社会的可持续发展产生深远影响。因此，培养批判性思维与独立判断能力，成为其成功的关键。通过跨学科的合作与交流，学生们能够汲取不同领域的思想与方法，促进知识的融合与创新。此外，面对快速变化的科学前沿，大学生应始终保持学习的热情与开放的态度，适应新知识的涌现与更新。最终，他们不仅是科学探索的参与者，更应成为推动社会进步与文明发展的重要力量。

（二）价值真理

与事实真理相对应的是价值真理，它关乎人的意志、情感和道德行为等深层次的精神世界。在人文精神的构建中，价值真理同样占据着举足轻重的地位，不仅是个人品德修养的基石，更是社会和谐与稳定的保障。价值真理涉及人类的道德伦理、情感认同以及对社会责任的承担，是引导个体行为的重要原则。

中国特色社会主义道路的实践为我们提供了一个生动的范例，展示了在马克思主义指导下，结合国家具体国情，探索出一条符合自身发展规律的价值真理之路。这一道路不仅体现了中国共产党对人类社会发展规律的深刻把握，也彰显了中国人民对美好生活的向往与追求。当代大学生作为国家的未来和希望，理应牢固树立马克思主义信仰，深刻理解中国特色社会主义制度

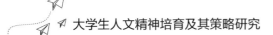

的优越性，积极参与国家建设与社会发展的伟大事业中。

在追求价值真理的过程中，大学生应当注重培养自身的道德品质与社会责任感。他们需意识到，个人价值的实现与国家的繁荣富强密切相关，只有在坚持正确的价值导向下，才能不断提升自身的道德素养和社会责任。同时，大学生还应积极参与社会实践和志愿服务活动，以实际行动践行社会主义核心价值观，为构建和谐社会贡献力量。这种参与不仅能增强他们的社会责任感，也能够通过实践加深对价值真理的理解与认同，推动个人成长与社会进步的良性循环。

二、"善"是人文精神的根本

在高校教育中，对"善"的培育实质上是"德育"的核心，它紧密关联于"立德树人"教育理念中的"德"之精髓。人才培养的精髓，在于育人与育才的和谐统一，而育人的重要性更为根本。古语云："人无德不立"，强调了立德作为育人基石的不可动摇性，这构成了人才培养的深刻辩证法。因此，任何办学实践都必须遵循这一规律，方能成就卓越的教育事业。检验学校工作成效的最高标准，应当是立德树人的实际成果。这要求我们在教育过程中，不仅要传授知识，更要注重以文化熏陶人，以高尚品德塑造人，全方位提升学生的思想境界、政治意识、道德品质及文化素养，使之能够明辨大是大非，恪守社会公德，严于律己于私德之中。

高校的"德育"体系，可细分为两个相辅相成的层面：一是法律法规的遵守与内化，它构成了社会行为的基本准则与底线；二是道德层面的自觉追求，它超越了法律的刚性要求，倡导内心的善良、正直与高尚。这两个层面共同构成了大学生全面素质提升的重要基石。

因此，高校应当将立德树人的理念深植于校园建设的每一个角落，从教学到管理，从课堂到课外，都需紧密围绕"树人"这一核心任务，以"立德"为根本导向，通过丰富多样的教育活动和校园文化，引导学生树立正确的世界观、人生观、价值观，培养他们成为既有深厚学识又具备高尚品德的优秀人才。

（一）法律法规层面

在高等教育的德育体系中，法律法规层面构成了其基础性且不可或缺的组成部分，它不仅是社会成员行为规范的最低道德界限，也是维护社会秩序、保障个体权益的基石。这一层面的德育，其本质在于确立并强化个体的法治观念，确保个人行为不逾越法律的边界，从而有效遏制"恶"的滋生，促进"善"的弘扬。法律法规通过其严谨的逻辑结构和明确的执行标准，为道德行为提供了刚性的约束框架，从消极层面而言，它治"恶"以儆效尤；从积极层面看，则引导个体理解并遵循社会公认的道德准则，进而在内心深处树立起对"善"的向往与追求。

鉴于大学生群体普遍具有社会阅历相对匮乏、心理发展尚不成熟、易于冲动等特性，针对这一群体在法律法规层面的德育显得尤为迫切和重要。高校应当承担起培养未来社会公民法治素养的重任，通过系统化的法治教育，增强学生的法律意识和法治观念，使他们能够清晰认识到违反法律法规的严重后果，以及这些行为如何侵害他人利益、破坏社会和谐。这一教育过程不仅涉及法律知识的传授，如宪法、民法、刑法等基本法律体系的介绍，更应注重法律精神的培育，引导学生理解法律背后的公平正义价值追求，以及法律在维护社会秩序、保障人权方面的积极作用。

为实现这一目标，高校可采取多元化的教学策略：① 将法治教育融入日常课程体系，如开设专门的法律基础课程，或在相关学科中嵌入法治教育内容；② 利用案例分析、模拟法庭等实践性教学活动，让学生在模拟的法律环境中体验法律程序，加深对法律条文的理解与应用；③ 加强校园法治文化建设，通过举办法治讲座、法律咨询服务、法治主题活动等，营造浓厚的法治氛围，让学生在潜移默化中接受法治精神的熏陶；④ 建立健全校园法治管理机制，确保学生的合法权益得到保护，同时对于违法行为给予及时、公正的

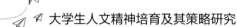

处理，以此作为反面教材警示全体学生。

（二）道德层面

道德层面在德育教育中不仅是其灵魂所在，更是引领社会风尚、塑造个体品格的关键领域。道德这一无形却强大的力量，它超越了具体的条文与规范，根植于每个人的内心深处，随着时代变迁而展现出不同的风貌与内涵。在法律为道德划定底线的同时，道德的广阔天地仍需每个个体，尤其是作为社会未来希望的大学生群体，去深入探索、积极践行。

现代社会的道德追求，不仅是对个体行为的简单约束，更是一种内在精神与外在行为的高度统一，它要求人们在追求个人目标时，始终保持正确的方向感，以纯正无私的动机为指引，采取符合社会伦理与道德准则的手段，最终达成促进社会和谐、增进人类福祉的善果。对于大学生而言，德育的首要任务便是引导他们树立正确的道德观念，明确何为真正的善与美，进而激发他们内心深处的道德自觉与追求。

德育的过程远非一蹴而就，它需要理论与实践的紧密结合，需要个体在不断探索与实践中逐步成长。因此，高校在道德层面的引领与塑造中，应更加注重实践环节的设计与实施。通过组织丰富多彩的实践活动，如志愿服务、社会调查、公益项目等，让大学生走出校园，深入社会，亲身体验道德的力量与价值。这些实践活动不仅能够帮助学生将课堂上学到的道德知识转化为实际行动，更能在实践中培养他们的社会责任感、团队合作精神以及解决问题的能力。

此外，高校实践活动还具有更为深远的意义。它不仅是学生与社会之间的桥梁，更是他们自我认知、自我成长的重要途径。在参与实践活动的过程中，学生需要不断地与他人沟通、协作，面对各种挑战与困难。这些经历不仅能够帮助他们更好地认识自己、发现自己的潜能与不足，更能够促使他们在实践中不断反思、不断进步。同时，实践活动还能够让学生更加深入地了解社会、关注社会，从而培养起对社会的热爱与责任感。这种热爱与责任感将成为他们未来投身社会建设、推动社会进步的重要动力。

最终，通过道德层面的深化探索与全面践行，大学生将逐渐成长为具有高尚道德情操、强烈社会责任感、扎实专业技能的优秀人才。他们将以自己的实际行动诠释"善"的真谛与价值，为社会注入更多的正能量与活力。同时，他们的成长与蜕变也将为高校德育工作的创新发展提供宝贵的经验与启示。

三、"美"是人文精神的体现

在人类文明的长河中，"美"不仅是感官愉悦的源泉，更是人文精神深刻内涵的集中体现。它超越了生物界基于生存竞争的本能之美，升华为一种精神追求与情感共鸣的象征，深刻反映了人类对于生命意义、价值理想及社会和谐的深刻理解与不懈追求。

"美"的本质在于其能够跨越个体界限，激发广泛的社会化情感共鸣。这种共鸣，不仅体现在艺术作品中，通过色彩、线条、旋律等元素的精妙组合，传达出深邃的情感与思想，更渗透于日常生活的方方面面，成为连接人心、促进理解的桥梁。不同历史时期、地域文化的"美"各具特色，却共同指向了对人性光辉、社会理想的颂扬与向往，体现了人文精神在不同社会背景下的多样性与统一性。因此，"美"的展现与接受过程，实质上是对人文精神深度理解与广泛传播的过程。

美育作为培养"审美能力"与"对美的追求"的教育实践，是人文精神传承与创新的关键环节。它不仅局限于艺术教育的范畴，而是贯穿于整个教育体系之中，是一种全面、深入的人格塑造过程。美育通过引导学生发现自然之美、生活之美、艺术之美，激发他们的审美兴趣与创造力，进而在心灵深处种下追求真善美的种子。这种教育不仅关乎技能的培养，更在于情感的陶冶、价值观的塑造以及人格的完善，旨在培养能够独立思考、勇于探索、富有同情心与社会责任感的"和谐之人"。

"审美能力"是个体感知、理解并评价"美"的能力，它如同心灵之眼，使我们能够穿透表象，洞察世界的本质与美好。这种能力不仅帮助我们区分美丑，更在于激发我们对生活的热爱、对知识的渴望以及对未来的憧憬。在审美过程中，人们不仅获得了感官上的愉悦，更重要的是，这种愉悦转化为内心的充实与满足，成为推动个人成长与社会进步的内在动力。因此，培养审美能力，就是培养一种积极向上的生活态度，一种对美好事物永恒追求的精神状态。

人类对"美的追求"超越了基本的生存需求，成为一种精神层面的自我实现与超越。这种追求不仅体现在对既有美的欣赏与传承上，更在于对未知美的探索与创造中。艺术、文学、科学等领域的每一次创新，都是人类追求美的直接体现。它们不仅丰富了人类的精神世界，更推动了社会的整体进步与发展。因此，对美的追求不仅是个人情感的抒发与表达，更是人类创造力与智慧的集中展现，是人类文明不断向前迈进的强大动力。

美育与人文精神之间存在着密切而深刻的联系。美育通过培养人的审美能力与对美的追求，促进了个体人格的完善与社会的和谐发展；而人文精神则为美育提供了深厚的思想底蕴与价值导向。二者相互依存、相互促进，共同构成了人类文明进步的重要基石。因此，高度重视当代大学生美育培养，不仅是提升个体素养、促进全面发展的必要途径，更是弘扬人文精神、构建和谐社会的重要举措。在美育的滋养下，将培养出更多具有高尚情操、深邃思想、创造能力的"和谐之人"，为人类文明的繁荣发展贡献力量。

第四节　大学生人文精神培育的发展方向

在未来社会，个体的自由与全面发展被赋予了前所未有的重要性。因此，在塑造大学生人文精神的过程中，亟需摆脱单一技能导向的专才教育桎梏，转而拥抱通识教育的广阔天地，以此铺就大学生自由探索、全面发展的康庄大道。这一转变，旨在将大学生培育成适应时代需求、具备综合素养的建设型人才，特别是在当今中国，这意味着要精心雕琢每一位大学生，使之成为社会主义建设事业的坚实支柱与未来接班人。

一、促进大学生自由而全面的发展

自由而全面的发展不仅是共产主义社会的理想人格画像，也是当代社会对于个人成长的深切呼唤。在今日之中国，随着经济的腾飞与物质生活的极大丰富，已初步构建起支撑这一理念实现的物质基础。高校，作为孕育未来社会精英的摇篮，更应积极响应时代召唤，将促进大学生的自由全面发展视为己任。这意味着，需要打破学科壁垒，鼓励跨学科学习，通过多元化的教育手段，激发学生的无限潜能，培养其成为既拥有深厚专业知识，又具备广阔视野与人文情怀的复合型人才。

（一）高校教育课程学习的自由而全面

高校教育课程学习的自由性，作为人文精神培育不可或缺的基石，其深远意义在于赋予学生以主体性，使他们能够依据个人的兴趣导向、潜能挖掘及未来职业规划，自主决策并探索适宜自身发展的学习轨迹与内容。高校应当致力于构建一个既开放又包容的课程体系，这一体系需跨越传统学科的分隔壁垒，积极倡导并实践跨学科融合学习，为学生铺设一条通往多元知识领域的探索之路。通过实施学分制与选课制的灵活教学管理策略，学生的课程选择权得到了充分保障，促使他们在广泛涉猎各类知识的基础上，逐步明确并发展出独特的学术兴趣与专业倾向。此等自由选择的权利，不仅极大地激发了学生的学习热情与创造力，还深刻促进了其独立思考与自主判断能力的成熟，为人文精神的内化与升华奠定了坚实的知识基础与思维框架。

高校教育课程学习的全面性，作为人文精神培育的必然诉求，强调了课程体系应全面覆盖并深度融合多种知识维度与素养要素。这不仅包括基础理论知识的扎实掌握与专业技能的精湛提升等硬性知识领域，更需将人文社科、艺术审美、伦理道德等软性素养的培养置于同等重要的地位。高校需精

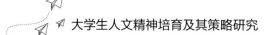

心策划并优化课程内容，确保人文精神能够自然而然地渗透至每一门课程中，使学生在专业学习的同时，也能沐浴在人文精神的光辉之下，实现知识的全面增长与人格的完善。具体而言，理工科课程应有机融入科学伦理、工程伦理等教育元素，引导学生树立科学道德与责任意识；文科课程则应强化批判性思维、跨文化交流等能力的培养，以提升学生的综合素质与国际视野。此外，高校还应通过开设丰富多彩的通识教育课程、定期举办人文讲座、组织多元化的文化体验活动等手段，进一步拓宽学生的知识边界，丰富其精神世界，促进其全面发展与自我实现。

在人文精神培育的宏观视角下，高校教育课程学习的自由而全面还深刻体现在教学方式的革新与实践之中。高校应勇于探索并推广启发式、探究式、讨论式等新型教学模式，这些模式强调师生互动与生生互动的重要性，有助于激发学生的学习动力与探索欲望。同时，现代信息技术手段的广泛应用，如在线课程、虚拟仿真实验室等，打破了传统教学的时空限制，为学生提供了更加灵活便捷、高效互动的学习平台与资源。此外，高校还应高度重视实践教学环节的设计与执行，通过深化校企合作、拓宽社会实践渠道、鼓励志愿服务参与等方式，让学生在真实的社会情境中体验生活、感悟人生、锤炼能力，进而将人文精神内化于心、外化于行，成为具有社会责任感与人文关怀的新时代人才。

（二）实践能力发展的自由而全面

实践能力发展的自由性，是激发大学生创新精神与自我实现的关键。在人文精神培育的框架下，高校应鼓励学生根据个人兴趣、专业特长及未来职业规划，自主选择并参与多样化的实践活动。这种自由性不仅体现在活动类型的选择上，如科研项目、社会实践、创新创业、志愿服务等，还体现在活动过程中的自主决策与创造性发挥。高校应提供丰富的实践资源和平台，如实验室、创业孵化基地、社会实践基地等，支持学生根据自己的想法和计划进行实践探索。同时，建立灵活的实践管理机制，如学分认定、实践成果展示与评价等，确保学生在实践活动中享有充分的自主权，从而激发其创新精神，促进其自我实现。

实践能力发展的全面性，是提升大学生综合素养与人文精神的必然要求。全面性要求实践能力的发展不仅局限于某一专业领域或技能层面，而应涵盖多个维度和层面，包括问题解决能力、团队协作能力、跨文化交流能力、社会责任感等。高校在设计实践活动时，应注重跨学科、跨领域的融合，通过组织跨学科项目、国际交流项目、社会公益项目等，让学生在实践中接触并应对复杂多变的问题和挑战，从而培养其全面的实践能力。同时，将人文精神融入实践活动的全过程，引导学生在实践中关注社会、关爱他人、尊重多元文化，形成正确的价值观和道德观，提升其综合素养与人文精神。

在人文精神培育的背景下，实践能力发展的自由而全面还体现在实践教学模式的创新与实践上。高校应积极探索并实践以问题为导向、以项目为载体、以合作为基础的实践教学模式。这种模式强调以学生为中心，通过真实或模拟的问题情境，引导学生主动探索、积极实践、合作交流，从而培养其独立思考、解决问题的能力。同时，利用现代信息技术手段，如虚拟仿真实验、在线协作平台等，打破时空限制，为学生提供更加便捷、高效的实践学习体验。此外，高校还应加强校企合作、校地合作，建立稳定的实践教育基地和产学研合作平台，让学生在实践中深入了解社会、行业和企业需求，增强其实践能力和就业竞争力。

二、培养社会主义建设者和接班人

在高等教育体系中，高校时期标志着个体从学术象牙塔迈向广阔社会舞台的关键转折，是身心成熟、思想深化、知识结构拓展与实践能力提升的综合性蜕变期。高校教育的核心使命，不仅在于知识的传授与技能的锤炼，更在于塑造能够积极融入并引领社会发展的社会主义建设者与接班人。这一培养目标，要求我们在人文精神培育的广度与深度上进行深刻拓展，从单纯关注个体的和谐成长，转向聚焦于培养具备高度社会责任感、强大自我认知与

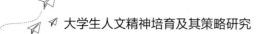

社会适应能力的新时代青年。

人文精神作为高等教育的灵魂，其培育不再局限于个体品德的完善与情感的熏陶，而是深入到对自我、社会乃至国家命运的深刻反思与积极回应中。它倡导学生通过多维度、跨学科的学习与实践，形成对复杂社会现象的全面理解与批判性思考，进而激发其内在的主观能动性，鼓励他们在面对挑战时勇于担当，主动作为。在这一过程中，大学生逐渐认识到，个人的成长与社会的进步紧密相连，唯有通过不懈努力，方能实现自我价值的同时，也为社会的繁荣贡献力量。

社会化是个体从生物人转变为社会人的必经之路，它要求大学生在特定的社会文化环境中，不仅要学会知识与技能，更要内化社会规范，形成正确的价值观与行为准则。高校作为这一社会化过程的重要推手，应构建一套涵盖理论学习、实践锻炼、价值引领的全方位教育体系，帮助学生在理解社会、适应社会的基础上，进一步发挥主观能动性，积极作用于社会，参与社会建设与创新，成为推动社会进步的重要力量。

中国特色社会主义进入新时代，赋予了青年一代前所未有的历史使命。在这一时代背景下，高校需将培养社会主义建设者与接班人作为核心任务，通过优化课程体系、强化实践教学、深化思想政治教育等手段，引导学生将个人理想融入国家发展大局，将个人奋斗与国家繁荣紧密结合。同时，鼓励学生树立远大理想，坚定信念，勇于担当，以实际行动践行社会主义核心价值观，为实现社会主义现代化和中华民族伟大复兴的中国梦贡献青春力量。

第四章　环境塑造对大学生
人文精神培育的影响

第一节　建筑与景观在大学生
人文环境塑造中的作用

一、校园建筑是人文精神的物质载体

在校园的广阔天地里，建筑不仅是遮风挡雨的物理结构，更是承载并传递人文精神的重要媒介。它们以独特的形态、材料、布局和细节，构建了一个个充满文化韵味与学术氛围的空间，深刻地影响着学生的思想观念、行为模式及情感体验。

（一）校园建筑风格与人文精神的共鸣

校园建筑决定了校园的围合形式、空间布局和场地的序列，在校园的环境构成中起着主梁的作用[①]。建筑风格作为建筑文化的直观体现，承载着技术与艺术的结合，同时也深刻反映了时代精神、地域特色以及人文价值的综合表现。在高等院校的校园环境中，建筑风格的选择与学校的历史沿革、办学理念及其文化定位之间存在着紧密的联系。例如，古典主义风格的建筑以

---

① 徐琳，周建华，黎慧华. 构成高校人文环境的景观元素分析 [J]. 山西建筑，2007（12）：34.

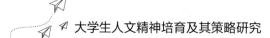

其庄重典雅和秩序井然的特征，传达了对传统文化的深切尊重与历史的传承；而现代主义风格的建筑则因其简洁明快、注重功能性的设计，彰显了对创新思维与自由精神的追求。这些不同风格的建筑不仅为学生提供了多样化的视觉体验，还在潜移默化中激发了他们对多元文化和思想流派的探索与思考，从而促进了人文精神的交流与融合。

建筑风格所传递的价值观和美学理念，往往能够影响校园内的社会互动和学术氛围。古典建筑的沉稳与厚重使人们在其空间中感受到一种学术的严谨，而现代建筑的开放性与灵活性则鼓励学生之间的自由交流与合作。这种空间环境的塑造不仅影响了学生的学习和生活方式，更在深层次上影响了他们的思维模式与价值观的形成。因此，校园建筑不仅是物质空间的构建，更是精神文化的表达与传递。

（二）校园建筑的空间布局与人文氛围的营造

校园建筑的空间布局是塑造人文环境的关键因素之一，具有深远的影响力。合理的空间布局不仅能够满足教学、科研与生活等基本功能需求，更重要的是，通过空间的开放与封闭、高与低、宽与窄等对比手法，营造出丰富多样的空间感受，进而影响学生的心理状态与行为模式。例如，开阔的广场和连廊可以有效促进学生之间的交流与互动，这种社交环境有助于激发创新思维与团队合作意识。而静谧的庭院与图书馆则为学生提供了良好的学习与思考环境，有助于培养他们沉静内敛的品质和深思熟虑的能力。

空间布局不仅仅是物理上的安排，它还涉及如何通过巧妙的设计将自然景观与人文景观相融合，创造出既具有自然美感又富含文化内涵的校园环境。例如，利用绿植、流水和开阔的视野，不仅可以提升校园的美观度，还能促进学生的身心健康，增强他们对自然的感知与欣赏能力。通过这种融合，校园环境不仅为学生提供了舒适的学习场所，还能够提升他们的人文素养与审美能力，培养更全面的个体发展。

（三）校园建筑的细部处理与人文精神的传递

校园建筑的细部处理不仅是展示其艺术魅力与文化底蕴的重要手段，更是人文精神传递的关键途径。建筑的每一个细节，诸如门窗的设计、檐口的造型、墙面的装饰以及雕塑与壁画等艺术元素，均蕴含着丰富的文化内涵与深刻的人文情感。这些细部处理不仅为建筑增添了视觉美感，更在微妙之处传达着设计师的独特创意与工匠精神，同时反映出学校对文化的重视与传承意图。

例如，门楣上的题字与窗棂上的图案，往往承载着深邃的哲理与美好的寓意，它们不仅是装饰，更是思想的凝聚与文化的象征。校园内的雕塑和壁画，通常选取历史人物、科学成就或文化符号作为题材，这些艺术作品不仅是视觉上的享受，更是叙述学校历史故事与文化传承的重要载体。通过这些细节的设计，建筑本身成为教育理念与人文精神的体现，使得校园不仅是学习知识的地方，更是人文关怀与精神成长的空间。这些细部处理不仅丰富了学生的视觉体验，还在潜移默化中影响着他们的思想观念与价值取向。通过与校园建筑细节的互动，学生得以在不知不觉中接受文化熏陶，提升人文素养，促进人文精神的传承与发展。因此，校园建筑的细部处理，不仅仅是物质形态的表现，更是精神文化的延续，彰显了教育机构在培养全面发展的学生方面的重要角色。

（四）校园建筑与人文精神的互动与共生

建筑作为人文精神的物质载体，并非孤立存在，而是与人文精神之间形成了一种深刻的相互依存与相互作用的关系。

一方面，建筑以其独特的形态、空间布局以及细致入微的设计处理，为人文精神的展现与传播提供了坚实的物质基础。每一座建筑的构造、比例与材料选择，不仅反映了时代的审美标准，更折射出特定文化背景下的价值观

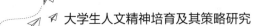

与信仰。例如，校园内的古典建筑风格往往传递着尊重历史与传统的理念，而现代建筑则可能强调创新与实验精神。通过精心的结构设计与装饰，建筑不仅为使用者创造了功能性空间，更为人文精神的表达提供了丰富的场所与语境。

另一方面，人文精神则通过其深厚的内涵与广泛的社会影响力，赋予建筑以生命与灵魂。这种互动不仅体现在建筑形式的美学特征上，更体现在其所承载的文化价值与历史积淀中。例如，校园中的雕塑、壁画与景观设计，往往融入了历史人物、科学成就或社会议题，使建筑不仅是空间的存在，更是思想与情感的凝聚。这些元素共同塑造了一种文化氛围，使得建筑成为思想交流与价值观碰撞的场所，激发学生对知识与文化的探求与思考。这种互动与共生的关系，使得高校校园的建筑不仅是冰冷的砖石结构，而是充满生机与活力的文化符号与精神象征。建筑在某种意义上成为人文精神的外在表现，而人文精神则为建筑赋予了更深层次的意义。这种共生关系不仅增强了校园的文化认同感，也提升了学生的归属感与参与感。在这一过程中，建筑与人文精神相辅相成，形成了一个动态的生态系统，促进了知识的传递与文化的创新，最终实现了教育的根本目的。

二、校园景观是自然与人文的和谐共生

在高校校园这一集知识探索、文化传承与生态保育于一体的特殊环境中，景观不仅仅是视觉上的美化元素，更是自然与人文和谐共生的典范。它巧妙地融合了自然生态的野趣与人文精神的深邃，为学生提供了一个既促进身心健康又激发思考灵感的空间。

（一）校园自然景观的引入与生态保护

自然景观作为校园景观设计的根本要素，涵盖了地形地貌、水体、植被等多种自然元素。这些要素不仅构成了校园环境的基础，也为学生的学习与生活提供了重要的支持。在高校校园的建设与发展过程中，通过科学合理的

规划与设计，天然景观的引入不仅能够有效美化校园环境，改善微气候，降低城市热岛效应，还能为学生提供亲近自然、观察自然的宝贵机会。这种接触自然的体验对于培养学生的环保意识与生态责任感具有重要意义，使他们在日常生活中更加关注生态问题，形成对自然的尊重与热爱。

从生态保护的角度来看，校园景观设计必须充分考虑场地的原有生态条件，采用适宜的生态设计手法，如雨水花园、生态滞留池等，旨在最大限度地减少对自然环境的干扰。通过这样的设计，可以有效地管理雨水径流，促进水资源的自然循环，进而保护水体质量。此外，选用本土植物不仅能够增强生态系统的适应性和稳定性，还有助于吸引当地的生物种群，提升校园内的生物多样性。设置生态廊道等措施，不仅为校园内的生物提供适宜的栖息环境，还能在更大范围内促进生态连通性，使得不同生态区域之间能够相互交融、互动，从而形成一个更加完整、健康的生态网络。这种关注生态保护的设计理念不仅强调校园的自然美化，更是在更广泛的层面上推动生态教育与公众参与。通过引导学生在日常生活中积极参与生态保护活动，例如植树、参与生物观察与记录，他们将更深入地理解人与自然之间的相互关系。这种体验有助于他们在未来成为更具社会责任感的公民，推动生态保护与可持续发展。因此，校园自然景观的引入与生态保护不仅是环境美化的问题，而是关乎教育理念、社会责任与生态伦理的重要课题，为实现人与自然的和谐共生奠定了坚实的基础。

（二）校园人文景观的营造与文化传承

人文景观作为校园景观的重要组成部分，涵盖了历史遗迹、文化设施、艺术装置等具备深厚文化意义的景观元素。在高等教育机构的校园内，人文景观的营造不仅是对学校历史文化的有效传承与展示，更是对学生进行文化教育、培养人文素养的重要途径。通过设计那些具有象征意义或教育意义的雕塑、壁画、碑刻等景观小品，校园不仅能够生动地讲述学校的历史故事，还能够展示学术成就，弘扬人文精神，从而为学生提供一个深刻的文化体验

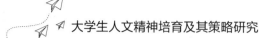

场所。

结合校园特色与地域文化，设计具有地方特色的景观空间，如传统园林、文化广场等，不仅能够丰富校园环境的多样性，还能有效增强学生的文化认同感与归属感。这些具有地方特色的空间能够唤起学生对地域文化的认知与情感，促使他们在学习与生活中形成对历史与文化的深入理解。此外，人文景观的营造还为学生提供了互动与交流的场所，促进了不同文化背景的学生之间的理解与融合。

人文景观不仅是视觉上的美化，它们在潜移默化中影响着学生的思想观念与价值取向，促进文化的传承与发展。例如，通过设立纪念性景观，可以提醒学生铭记历史、珍视文化遗产，从而培养他们的责任感与使命感。这种文化传承的过程不仅涉及学校自身的历史与成就，更关乎学生对社会与文化的全面理解，使他们能够在未来的生活中更好地融入多元文化的环境。因此，校园人文景观的营造与文化传承不仅是校园建设的重要任务，更是实现人与自然和谐共生的重要环节，有助于形成更为丰富与立体的教育生态。

（三）自然与人文的融合与创新

自然与人文的和谐共生并非简单的叠加或并列，而是需要通过设计手法实现两者的深度融合与创新。在高校校园的景观设计中，采用诸如景观轴线、视觉通廊等设计手法，可以有效地将自然景观与人文景观有机串联，形成连贯的景观序列与丰富的空间层次。这种设计方法不仅增强了空间的流动性与连贯性，还能引导学生在校园中进行探索与发现，激发他们的好奇心与创造力。

此外，运用现代科技手段与艺术表现手法，如光影效果、水景喷泉、互动装置等，可以为传统景观元素注入新的活力与内涵。这些技术和艺术形式的结合，不仅提升了校园景观的整体品质与视觉吸引力，还使其更加符合当代审美需求与功能需求。例如，通过光影的变化和动态的水景，校园环境可以在不同的时间段展现出不同的美感，使学生在学习与生活的过程中，体验到环境的多样性与活力。这种自然与人文的融合与创新，不仅促进了两者之间的交流与对话，也为学生们提供了一个充满创意与灵感的学习环境。在这样的环境中，学生不仅能感受到自然之美与人文精神的交融，还能够在潜移默化中培养起对科学技术的兴趣与热情。通过这种跨学科的设计理念，校园不仅成为学习的场所，更是文化与自然相互影响、相互启发的创意空间。

最终，这种深度融合与创新的校园景观设计，能够营造出一个既富有艺术感又充满自然气息的环境，使学生在日常学习中能够获得更丰富的感官体验。这一过程不仅提升了校园的整体形象，也为学校的文化发展与生态建设奠定了坚实的基础，实现了人与自然、人与人之间的和谐共生。

（四）校园景观与人的互动体验

景观设计的最终目的是服务于人，因此在设计过程中必须充分考虑人的需求与感受。在高校校园中，景观不仅应作为师生交流互动的场所，更应成为休闲娱乐与精神文化活动的重要空间。通过精心设计多样化的景观空间与活动设施，如休闲草坪、亲水平台、健身步道等，可以有效满足不同人群的需求与喜好，创造出适宜于学习、交流与放松的环境。

此外，景观设计应注重可达性与易读性，以确保师生能够方便地到达并充分享受这些景观空间。明确的路径规划与标识系统可以帮助师生在校园内自由穿梭，增强他们对环境的认知与熟悉感。更重要的是，这种设计能够提升校园的使用效率，促使师生在日常生活中自发地参与到环境的探索与享受中。

通过举办文化节庆、户外教学等多样化活动，能够进一步增强师生与校园景观之间的互动体验。在这些活动中，参与者不仅能亲身感受到自然之美与人文之韵，还能通过共同的体验加深对校园文化的理解与认同。这种文化与自然的交融，极大丰富了师生的校园生活，使他们在互动中形成对学校环境的情感联结与归属感。

三、建筑与景观的相互作用与人文环境的整体塑造

在高校校园这一复杂而多元的空间体系中，建筑与景观并非孤立存在的元素，而是相互依存、相互作用，共同塑造着校园的人文环境。这种相互作用不仅体现在物质层面的空间布局、形态融合与功能互补上，更深入到精神层面的文化表达、情感共鸣与审美体验中。以下是对"建筑与景观的相互作用与人文环境的整体塑造"主题的逐步、详细展开，旨在全面剖析其内在机制与深远影响。

（一）空间布局与形态融合，构建统一和谐的校园环境

建筑与景观在空间布局上的相互协调与形态上的融合共生，是塑造统一和谐校园环境的基础。在校园规划过程中，建筑师与景观设计师必须紧密合作，共同考虑建筑单体与景观元素之间的关系，涵盖位置关系、尺度比例以及风格特色等诸多因素，以实现整体空间的和谐统一。这种协作不仅有助于营造一个视觉上引人入胜的环境，还能提升空间的功能性与使用效率。

通过合理的空间布局设计，如轴线对称、组团布局等手法，可以有效强化校园的空间秩序与层次感。例如，采用轴线对称的设计能够引导师生的视线，营造出一种平衡与稳定的氛围，进而促进校园内部的流动与交往。而组团布局则可以创造出多样化的功能区域，使得各类活动能够在特定空间内得到有序展开，从而提升校园生活的丰富性与多样性。

建筑与景观在形态上的相互呼应与融合，如建筑风格与景观主题的统一、建筑材质与景观元素的协调等，能够进一步增强校园的整体性与识别度。当建筑设计中的元素能够与周围的景观环境相辅相成时，整个校园将形成一个连贯而有机的空间体系。这种和谐的形态融合不仅提高了校园的视觉效果，更为师生创造了一个舒适、宜人的学习与生活空间，促进了人际交往与知识的分享。

最终，这种空间布局与形态融合的策略，不仅是美学上的追求，更是对师生人文精神的塑造与激发。通过构建一个和谐、统一的校园环境，学生在其中不仅能够感受到知识的力量，更能在潜移默化中形成对美与和谐的深刻理解与追求，从而培养出更为丰富的人文素养和社会责任感。

（二）功能互补与生态协同，促进校园环境的可持续发展

　　建筑与景观在功能上的互补与生态上的协同作用，构成了实现校园环境可持续发展的重要途径。作为校园的主要功能载体，建筑承载着教学、科研、生活等多种复杂的功能需求，而景观则凭借其独特的生态价值，为校园提供了绿化、美化和净化等多重环境效益。通过建筑与景观的有机结合，可以实现两者之间的功能互补与生态协同，为校园的整体发展提供支持。

　　具体而言，在建筑周边布置绿化带或生态景观，不仅可以有效美化环境、缓解城市热岛效应，还能够为师生提供放松和休闲的空间。这种绿化设计不仅增强了校园的生态环境，还为师生创造了一个亲近自然的生活和学习环境，从而提升了整体的生活质量与学习效果。此外，建筑内部可以集成雨水收集系统、太阳能利用等绿色技术，这些措施能够显著减少对环境的负面影响，促进资源的循环利用，实现可再生资源的有效利用。

　　建筑与景观的功能互补不仅体现在环境美化上，还体现在促进人际交往与学术交流上。通过合理规划的公共空间，如景观庭院和活动广场，可以鼓励师生之间的互动与合作，从而增强校园的凝聚力与活力。这种生态协同的策略不仅提升了校园环境的品质与舒适度，还为校园的可持续发展奠定了坚实的基础。最终，这种功能互补与生态协同的设计理念，体现了对生态平衡与可持续发展的深刻理解，为未来校园的建设提供了重要的参考依据。通过这种综合的设计思路，校园能够在满足功能需求的同时，兼顾生态环境的保护与资源的高效利用，真正实现人与自然的和谐共生。

（三）文化表达与情感共鸣，深化校园人文内涵

建筑与景观作为文化的重要载体，在其设计与营造的过程中蕴含着丰富的文化内涵与情感价值。这些元素不仅塑造了校园的物理空间，也深刻影响着师生的情感认同与文化归属感。通过建筑与景观的相互作用，可以有效深化校园的人文内涵，进而激发师生的文化认同与情感共鸣。

在建筑设计中，运用传统元素、地域特色或象征性符号等手法，能够充分体现学校的文化理念与价值取向。例如，设计师可以融入地方特色的建筑风格或历史悠久的文化符号，赋予校园建筑更深层次的文化意义。这不仅让建筑本身成为文化的传承者，也为师生提供了丰富的文化体验和感知。

与此同时，景观设计同样具有重要的文化表达功能。通过设置文化雕塑、历史碑刻或纪念性景观等元素，校园景观可以生动地讲述学校的历史故事与文化传承。这些景观元素不仅美化了校园环境，更为师生创造了一个充满历史感和文化厚度的学习与生活空间。通过这样的设计，校园环境不仅能够承载文化记忆，更能在师生心中激发出强烈的情感共鸣。

建筑与景观之间的相互交织与映衬，构成了一个文化氛围浓厚且充满情感共鸣的校园环境。在这样的氛围中，师生不仅能够深刻感受到文化的熏陶与滋养，更能激发出对学校的热爱与归属感。由此可见，校园人文内涵的深化，不仅在于物质空间的构建，更在于文化与情感的交融，从而促进一个充满活力与创造力的教育环境的形成。

（四）审美体验与心理影响，提升校园环境的品质与吸引力

建筑与景观设计之间的互动不仅影响校园的外观与功能布局，还深刻地影响师生的审美体验与心理感受。优秀的建筑设计与景观设计能够营造出独特的审美氛围和心理环境，使师生在享受美的同时获得心灵的愉悦与放松，从而提高其整体的学习与生活质量。这种影响并非偶然，而是源于设计师对空间、光线、材料及形式的精心考虑，通过这些元素的综合运用，创造出令

人愉悦的环境。

通过采用现代设计理念与技术，结合地域文化和时代精神，设计师能够打造出既具有时代感又蕴含深厚文化底蕴的建筑与景观作品。这些作品不仅在视觉上引人注目，且在艺术价值与审美价值上都达到高度统一，充分展示出设计师的创意与智慧。与此同时，这些建筑与景观作品所提供的丰富视觉体验和深刻心理感受，有助于激发师生的思维，提升他们的创造力与创新意识。

在这样的环境中，师生能够更好地进行学习与生活，提升自身的审美素养与审美能力。审美教育在此过程中得以自然而然地融入他们的日常生活，从而促使他们在情感与理智层面上获得更深层次的满足与愉悦。尤其是良好的校园环境能够有效地缓解学习压力，提升师生的心理健康水平，使他们在面对学业挑战时能够保持积极的心态。

第二节　校园文化与大学生人文精神的互动分析

一、校园文化对大学生人文精神的影响

（一）学术氛围的熏陶激发大学生求知与探索

在现代高等教育体系中，浓厚的学术氛围是校园文化的核心构成之一，是塑造大学生人文精神的重要途径。学术氛围不仅体现在教师严谨治学的态度和丰硕的科研成果上，还通过课程设计、学术讲座、研讨会以及各类学术社团活动等形式，深刻影响着学生的学习与思考方式。这种氛围能够为学生提供丰富的知识资源和思想碰撞的平台，促使他们在学术探讨中开阔视野，激发对未知领域的浓厚兴趣。

浓厚的学术氛围极大地激发了大学生的求知欲。在这种环境中，学生不仅被鼓励去吸收现有的知识，还受到启发去探索尚未解答的问题。大学生逐

渐形成自主学习的习惯，主动寻求知识、解决问题的能力得以提升。通过参与各种形式的学术交流与研究活动，学生的学习不仅限于课本内容，还在实践中不断丰富和深化。

在学术氛围的熏陶下，大学生的批判性思维和创新能力得到了有效培养。批判性思维使得学生能够在面对纷繁复杂的理论时保持独立的判断，敢于质疑和反思现有的观念与框架，追求知识的真理性和深度；而创新能力则使他们能够在瞬息万变的社会环境中保持竞争力，寻求新的思路与解决方案。正是这种批判性与创造性的双重能力，使得大学生在人文精神的引领下，不仅能够具备扎实的学术功底，还能够在未来的职业和社会生活中，成为具备社会责任感、批判意识和创新精神的高素质人才。

（二）多元文化的融合拓宽大学生国际视野

在全球化浪潮的推动下，现代校园文化逐渐呈现出多元化的特征。多元文化的融入已成为高校校园文化建设中不可忽视的重要部分。这种多元性不仅体现在学生群体的多样化背景中，还体现在课程设置、学术活动、文化节庆和国际合作交流等多方面的呈现。通过多元文化的融合，大学生得以在一个丰富多样的文化环境中学习和成长，形成对不同文化体系的认知与尊重，极大地拓宽了他们的国际视野。

多元文化在校园中的交汇为学生提供了宝贵的机会去接触和了解不同文化的内涵与价值观。无论是通过跨文化的学术课程、国际学术交流项目，还是多民族文化节日、外语角等校园活动，学生都能够在丰富的文化氛围中体验多样的思想碰撞。这种文化的相互交融不仅帮助大学生理解文化的多样性和复杂性，还使他们学会了如何在差异中寻找共性，在包容中建立共识。通过对不同文化的深刻理解，大学生能够逐渐摆脱固有的文化局限性，形成更加广阔的全球视野与包容性思维。

多元文化的融合不仅在思想层面开阔了大学生的国际视野，还实质性地提升了他们的跨文化交际能力。在与来自不同文化背景的学生、教师和学者的互动中，大学生得以锻炼自身的沟通技巧，学会如何在不同文化规范和语境下有效表达与交流。这种跨文化交流的能力对于当今全球化社会中的大学生而言至关重要，因为它不仅是一项学术能力，更是一种职业素养和生存技能。通过多元文化的熏陶，大学生逐渐培养了开放的态度、灵活的思维方式，以及在全球化背景下有效合作的能力，这为他们在未来国际舞台上的发展奠定了坚实的基础。

校园中的多元文化环境还塑造了大学生的世界公民意识，使他们意识到全球问题的复杂性与多样性。通过与不同文化背景的同学一起学习和生活，学生们逐渐认识到全球文化共存的重要性，并愿意为构建一个更加包容、公平和多元的世界贡献自己的智慧与力量。在这种文化背景下成长的大学生，不仅拥有广博的国际视野，还具备了应对全球挑战的能力和责任感，真正成为具备全球竞争力的现代人才。

（三）社团活动与实践锻炼大学生能力

丰富多样的社团活动和社会实践作为校园文化的有机组成部分，承载着培养大学生综合能力和塑造其人文精神的重要功能。社团活动为大学生提供了一个自由发展的舞台，鼓励他们在学术学习之外，通过兴趣爱好、技能提升以及社会服务等多方面展示自我、发展潜力。而社会实践，则为大学生打开了了解社会的窗口，使他们得以从理论学习走向社会观察和现实体验，在实际行动中深化对社会的理解，并提升个人能力。

社团活动在校园文化中的作用不可忽视，它不仅丰富了大学生的课余生活，更为他们提供了广阔的自我发展空间。通过参与各种类型的社团，学生能够发掘和培养个人兴趣爱好，发展特长，同时在参与社团的运作和活动组织过程中提升了自身的组织协调能力、领导力和人际沟通能力。这些能力的提升不仅仅体现在社团活动的成功开展上，更为大学生未来在职场和社会中的角色转变奠定了坚实的基础。尤其是在社团中担任领导职务的学生，他们往往能够通过对活动策划、团队管理和资源调配的实际操作，培养出

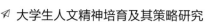

卓越的领导力与决策能力。此外,社团活动还鼓励学生之间的合作与分享,培养了团队协作精神,使他们在集体生活中学会如何与他人有效沟通、共同完成目标。

社会实践作为校园文化的重要组成部分,具有更加直接和深远的现实意义。通过社会实践,大学生得以走出象牙塔,亲身感受社会的方方面面,从而加深对国情、社会现状和民生问题的认识。这种从理论到实践的转化过程,不仅加深了大学生对书本知识的理解和应用,也使他们更加全面地了解社会结构和运行机制,从而培养了其社会责任感和历史使命感。通过社会实践,大学生不仅能够观察社会现象,还能够在参与社会服务、志愿活动或企业实习的过程中,锻炼实际操作能力,提升自身的社会适应能力。

社团活动和社会实践在培养大学生人文精神方面也发挥了重要作用。社团活动的多样性、开放性与自发性,使得大学生在追求个性化发展的同时,学会尊重和包容他人的不同价值观,提升了人际理解力与共情能力。而社会实践则使他们在面对真实的社会问题时,学会从更广泛的社会视角出发,思考个人与社会的关系,增强了他们的社会参与意识与责任感。通过这些活动与实践,大学生逐渐形成了积极向上的生活态度和价值观,具备了适应未来复杂社会环境的能力,为其职业生涯和社会角色的转换打下了坚实的基础。

(四)艺术与人文活动滋养大学生心灵

校园内丰富多样的艺术表演与人文活动不仅是大学生活中不可或缺的一部分,更是提升大学生人文素养、丰富精神世界的重要途径。这些活动通过音乐、舞蹈、戏剧、文学、历史等多种艺术形式,为大学生提供了多层次、多维度的审美体验和思想启迪,极大地丰富了他们的情感生活,陶冶了心灵,塑造了其精神世界的深度与广度。

艺术表演在校园文化中发挥了重要的熏陶作用。音乐、舞蹈、戏剧等艺术形式能够通过其独特的表现力,唤起大学生内心深处的情感共鸣和审美愉悦。在欣赏和参与艺术创作的过程中,大学生得以暂时超脱日常的学术压力,进入一个充满美感和创意的世界。这种艺术体验不仅激发了他们的审美情趣，提升了对美的感知能力，还潜移默化地培养了他们的艺术修养与创造力。通过欣赏不同形式的艺术作品，大学生能够在多元化的文化表达中找到个人情感的寄托，逐步形成对美的深刻理解与追求。这种审美能力的提升，不仅有助于个人生活质量的提高，还对他们未来的艺术欣赏与文化品位的培养起到了积极作用。

人文活动在引导大学生思考人生意义、关照社会现实方面发挥了不可忽视的作用。通过参与文学沙龙、历史讲座、哲学研讨等人文活动，大学生得以与经典文本和伟大思想对话，激发其对人生价值、社会责任的思考。这些活动促使大学生深入了解人类历史文化的精髓，反思个人与社会的关系，逐步形成更加成熟和全面的世界观与人生观。人文活动不仅让大学生在学习书本知识的同时，开阔视野，扩展思维，还帮助他们在人文关怀的引导下，关注社会问题，提升社会责任感，培养他们关爱社会、服务他人的人道精神。

艺术与人文活动还具有潜移默化的精神滋养功能，它们帮助大学生塑造心灵的敏感性和思维的深刻性。通过艺术的感染和人文思想的启迪，大学生能够逐渐摆脱狭隘的自我中心主义，学会从更宏大的角度看待人生与社会，领悟人生的多样性和复杂性。这种由内而外的精神滋养，既提升了他们的情操和道德修养，也让他们能够在面对未来的挑战时保持更为宽广的心胸与坚定的信念。

此外，艺术与人文活动的参与还促进了大学生对多元文化的理解与包容。通过接触不同文化背景下的艺术形式和思想流派，大学生得以在校园中体验到文化的多样性和丰富性。这种跨文化的艺术与人文体验，帮助他们树立全球视野，学会尊重和欣赏不同的文化表达，增强了他们的文化认同感与社会责任感。

（五）心理健康构建大学生积极心态

校园文化在塑造大学生心理健康与积极心态方面起着不可或缺的作用。

随着现代社会对大学生的学业、就业及个人发展的多重压力日益加剧，大学生的心理健康问题已经成为高校管理和教育工作中的重要议题。为应对这一趋势，校园文化通过多种途径着力于为学生提供系统性的心理支持。例如，高校普遍设立心理咨询中心，提供个体咨询与团体辅导，帮助学生及时解决心理困惑；同时，学校广泛开设心理健康教育课程，系统性地培养学生心理调适能力；此外，各类心理健康主题活动，如心理健康月、团体辅导、心理讲座等，也在校园中广泛开展。这些措施共同构成了一个关注学生心理成长的文化氛围，为学生提供了心理支持的多样化选择。

校园文化氛围对大学生积极心态的培养尤为关键。在学术压力、职业选择和人际关系挑战日益严峻的背景下，心理健康教育和支持机制可以帮助学生更清晰地认识自我，提升他们的自我认知水平和情绪管理能力，使其在面对困境时能够采取更加理性、乐观的应对策略。同时，校园文化通过引导学生进行心理自助与互助，也增强了学生之间的情感联系，形成了一个互相扶持、共同进步的积极群体氛围。

关注心理健康的校园文化不仅帮助大学生应对眼前的挑战，还促使他们形成积极向上的人生观和价值观。这种文化引导学生在面对生活中的起伏时保持积极的态度，进而为其未来的个人成长和社会适应奠定了坚实的心理基础。通过在心理层面的支持与引导，校园文化在无形中塑造了大学生的内在精神世界，帮助他们在社会中成长为心理健康、情绪稳定、具有积极生活态度的个体。因此，校园文化的心理健康建设不仅关乎学生在校期间的表现，更对其未来的长远发展产生了深远的影响。

二、大学生人文精神对校园文化的作用

（一）引领校园文化创新

人文精神的建设彰显了与时俱进、勇于改革的时代特征，它是社会主义精神文明建设不可或缺的一环，也是推动社会主义先进文化发展、践行社会

主义核心价值体系的重要探索。对于激发大学生的精神力量，提升士气，以及追求崇高的社会理想，具有深远的积极影响和现实意义[①]。大学生作为校园文化生态系统中的活力源泉，其人文精神在推动校园文化创新方面发挥着不可替代的作用。

　　大学生群体展现出高度的思想活跃性和创新意识，这种特质使他们敢于挑战传统观念、突破既有界限，并勇于探索未知领域。这种精神特质直接作用于校园文化，推动其不断突破既有框架，尝试新的表现形式和传播方式。具体而言，大学生可能通过发起新型社团活动、策划创意文化项目，以及利用新媒体平台传播校园文化等方式，为校园文化注入新鲜血液，激发其内在的创新潜力。这些创新活动不仅反映了大学生对新思维的追求，同时也推动了校园文化在形式和内容上的多元化。

　　大学生的人文精神还体现在对多元文化的接纳与融合上。在全球化的背景下，大学生群体的思维更加开放，体现出包容性，他们能够积极吸收来自不同地域、不同文化的优秀元素，并将其有机地融入校园文化之中。这种跨文化的交流与融合，不仅丰富了校园文化的内涵，也为其创新提供了更广阔的视野和更丰富的资源。例如，通过引入外籍教师的课程，举办国际文化节等活动，大学生能够在多元文化的碰撞中产生新的思想火花。这种开放性和包容性，促进了校园内的文化多样性，并为校园文化的创新注入了新的活力。

　　大学生的人文精神在引领校园文化创新方面的作用，不仅体现在具体的创新实践上，更深层次地体现在其背后的开放心态和跨文化视野。大学生对不同思想和文化的尊重与理解，使得他们在推动校园文化创新时，能够综合考虑多种视角，从而形成更具包容性的文化生态。这种开放的态度不仅有助于大学生自身的全面发展，也为整个校园文化的发展提供了源源不断的动力。因此，大学生在校园文化创新中所扮演的角色，实际上是文化与思想交融的使者，他们不仅是文化的参与者，更是文化创新的引领者。

　　[①] 杨巧智. 人文精神在校园文化建设中的作用 [J]. 佳木斯职业学院学报，2014（8）：191.

（二）提升校园文化品质

大学生的人文素养和道德情操是校园文化品质的直接体现，构成了校园文化内涵的重要基石。人文素养是大学生在文学、艺术、历史、哲学等领域所具备的知识、能力和修养，反映了他们对人文精神的深刻理解与追求。道德情操则是大学生在道德行为、道德品质及道德情感等方面所展现的特质，它体现了大学生对社会伦理、道德规范的认同、遵守与践行。

当大学生将自身的人文素养和道德情操融入校园生活时，他们通过言行举止、学术成果、文艺创作等多种方式，生动地展现出校园文化的高尚品质与深厚底蕴。例如，在学术研究中，大学生追求真理、勇于探索的精神风貌表现出他们对知识的渴求与责任感，这不仅推动了学术氛围的浓厚发展，也为校园文化注入了智慧的活力。在文艺创作中，大学生对美的追求和表达，能够通过各种形式的艺术活动，例如诗歌朗诵、戏剧表演和美术展览，反映出他们对生活的独特视角和深刻感悟，进一步提升了校园文化的审美价值和艺术品位。

在日常生活中，大学生对师生关系的尊重、对同学情谊的珍视，以及在集体活动中表现出的团结协作精神，都为校园文化的构建提供了良好的道德基础。这种积极的道德情操和人文素养的融合，形成了良好的校园氛围，使校园文化品质在潜移默化中得以提升。这些品质不仅增强了校园文化的整体格调，还为其赢得了社会的广泛赞誉与尊重，从而在外界中树立了良好的形象。

大学生的人文素养和道德情操还具有重要的引导作用，通过他们的示范行为，可以影响周围同学的价值观和行为规范，进而形成良好的校园文化风尚。在这样的氛围中，校园文化不仅反映出人文精神的内涵，也展现出大学生在现代社会中应有的责任感与使命感。因此，大学生的人文精神与道德情操的提升，不仅是个人修养的体现，也是校园文化品质持续发展的重要推动力。

（三）促进校园文化和谐

大学生的人文精神不仅强调尊重、理解和包容，这些核心价值观对于构建和谐的校园文化氛围而言至关重要。在一个多元化的校园环境中，来自不同背景、拥有不同性格和观念的大学生共同生活和学习，难免会产生一些摩擦和冲突。然而，当大学生能够秉持人文精神中的尊重、理解和包容原则时，他们便能够更加理性和开放地看待彼此的差异与分歧，从而有效避免不必要的冲突和矛盾。

大学生可以通过积极参与校园文化建设、主动沟通交流、相互学习借鉴等多种方式，增进彼此之间的了解与信任。例如，在社团活动中，大学生可以倡导团结协作、共同进步的精神，推动团队成员之间的良好互动和协同工作；在学术讨论中，保持开放心态、尊重不同观点的表达，能够促进思想的碰撞与融合，进而激发创新思维。在日常生活中，大学生关心他人、乐于助人的行为不仅展现了他们的人文关怀，也在无形中营造了友爱互助的校园氛围。

大学生也可以利用自身的专业知识和能力优势，为校园文化的和谐建设贡献力量。比如，组织多元文化交流活动，邀请不同背景的学生分享他们的文化与经验，以此促进对多样性的理解和尊重；又如，通过开展志愿服务活动，鼓励同学们共同参与社会公益，增强集体凝聚力与社会责任感。这些积极的行动不仅有助于构建和谐的校园文化氛围，也能够提升大学生的社会责任感和公民意识。

大学生的人文精神在促进校园文化和谐方面的作用，还体现在其对校园规范与文化价值观的引导上。当大学生能够自觉践行尊重与包容的原则时，他们不仅提升了自身的道德素养，也在潜移默化中影响了周围同学的行为。这种影响力有助于形成以和谐共处为基础的校园文化生态，培养学生的合作精神与团队意识，从而在整体上提升校园的和谐程度。

第三节　大学生人文环境塑造的设计原则与方法探索

高校作为蕴含丰富文化底蕴的教育机构，在构建其整体环境时，应着重于营造浓厚的文化氛围。校园文化景观的设计与人文环境的建设，共同构成了校园文化展现与传承不可或缺的关键环节①。

一、大学生人文环境塑造的设计原则

（一）整体性原则

整体性原则不仅是对校园物理空间布局的智慧凝练，更是对校园文化传承与创新深度理解的体现。它要求我们在规划与设计过程中，将校园视为一个动态发展、相互依存的整体系统，全面考量其历史脉络、文化特色、功能需求及未来发展趋势，确保各构成要素在和谐共生的基础上实现最优化配置。

1. 整体视角下的多元融合

校园作为集教学、科研、生活、休闲于一体的综合性空间，其设计需遵循整体性原则，即在设计之初便应树立全局观念，将校园内的建筑、景观、人文氛围等视为一个不可分割的整体。这一原则强调在设计过程中，不仅要关注单一元素的美学价值或功能需求，更要深入思考各元素之间的内在联系与相互影响，通过巧妙的设计手法实现多元要素的有机融合。例如，在建筑风格的选择上，应综合考虑校园的历史背景、地域特色及现代审美趋势，力求在尊重传统的基础上融入创新元素，形成既具时代感又不失文化底蕴的建

①　姚鲲. 论高校校园文化景观与校园人文环境建设［J］. 美术教育研究，2014（13）：58.

筑风貌。

2. 时间维度的统一与延续

校园作为时间的见证者，其建筑、景观等无一不承载着历史的记忆与文化的积淀。因此，在更新改造过程中，应坚持整体性原则，将不同时期的建筑群视为一个连续的整体，通过统一的设计语言与规划策略，协调新旧建筑之间的关系，使它们在风格、色彩、材质等方面保持一定的和谐统一。同时，还应注重校园历史记忆的保留与再现，通过景观设计、文化标识等手段，将校园的历史故事、文化精神融入每一个角落，让师生在潜移默化中感受到校园文化的深厚底蕴。

3. 空间序列的组织与优化

校园空间是师生学习、生活、交流的重要场所，其布局的合理性与舒适度直接影响到师生的使用体验与归属感。因此，在设计过程中，应运用整体观察的视角，对校园空间进行统筹规划与精心布局，确保各功能区之间的顺畅连接与有效互动。同时，还应注重空间序列的层次性与节奏感，通过合理的空间划分与引导，营造出既开放又私密、既统一又多样的校园空间环境。这样的设计不仅能够满足师生的多样化需求，还能够激发师生的创造力与想象力，促进校园文化的繁荣发展。

4. 人文精神的渗透与弘扬

人文精神是校园文化的灵魂所在，它体现在校园的每一个角落、每一项活动中。因此，在设计过程中，应深入挖掘校园的人文内涵，将其融入建筑、景观、文化活动等各个方面。通过富有创意的设计手法与表现形式，将人文精神具象化、可视化，让师生在日常的学习生活中能够直观地感受到校园文化的魅力与力量。同时，还应积极举办各类文化活动与学术交流活动，为师生提供展示自我、交流思想的平台，进一步弘扬人文精神，推动校园文化的繁荣发展。

（二）原真性原则

在校园人文环境塑造的广阔蓝图中，原真性原则如同一根坚实的支柱，支撑着人们对历史文化遗产的尊重与传承。这一原则不仅深植于对物质形态保护的需求之中，更蕴含着对文化记忆与情感价值的深刻考量。它要求我们，在每一次对旧建筑及景观的维护改造中，都应以保存其原初状态与特征为首要任务，确保历史的脉络得以延续，文化的精髓得以传承。

第一，原真性原则引导采取"以旧修旧，以存其真"的设计策略。这意味着，不仅要关注建筑的结构形式、立面造型、建筑材料等物理层面的修复，更要深入理解并尊重建筑所承载的历史信息与文化意义。对于那些具有特殊时期印记的高校建筑，在修复过程中，最大限度地保留其原有的风貌与特色，让每一块砖石、每一根梁柱都能成为历史的见证者，诉说着过往的故事。

第二，原真性原则鼓励人们对多元文化的包容与展示。在校园这片文化的沃土上，不同历史时期、不同地域风格的建筑交相辉映，共同构成了丰富多彩的校园文化景观。尊重并珍视这些外来风格的历史建筑，通过保留其经典传统的建筑风格，展现学校对多元文化的尊重与认同。这些建筑不仅丰富了校园的文化内涵，成为连接过去与现在、本土与外来文化的桥梁，让师生在潜移默化中感受到文化的多样性与包容性。

第三，原真性原则强调让建筑自然展现其生老病死的原始状态。在一定安全使用范围内，允许建筑保留其岁月的痕迹与沧桑感，让这种自然状态成为建筑生命力的体现。这种做法不仅赋予了建筑以独特的魅力与故事性，更让师生在面对这些旧建筑时能够感受到时间的流转与历史的沉淀，从而更加珍惜与尊重这些宝贵的文化遗产。

在高校未来的发展中，当历史建筑需要进行维护与更新时，原真性原则更是成为我们设计过程中的重要指导原则。每一次修复都是对历史的一次重新解读与诠释。因此，在修复过程中我们始终坚持尊重历史的真实性，确保修复部分与原有遗迹在形式、材质、工艺等方面有所区别避免以假乱真。同时我们还注重设计的可逆性以便在未来能够采取更好的修缮手段并对修缮后的文物建筑进行进一步的历史研究。

（三）延续性原则

延续性原则不仅是对过往历史的尊重与传承，更是对未来校园文化生命力的保障与激发。它强调在塑造校园人文环境时，应深刻认识到校园建筑与景观作为历史文脉的载体，其时间维度与空间维度的连续性对于校园文化特色的塑造具有不可估量的价值。

校园，这一独特的教育空间，其魅力与个性源于自然景观、人工环境以及深厚的历史人文底蕴的和谐共生。这些元素相互交织，共同编织了一幅幅生动的校园文化画卷，对师生的学习生活与思想观念产生了深远而持久的影响。因此，在进行人文环境设计时，延续性原则要求我们必须审慎考量如何将这些代表学校历史记忆的元素进行保留与再创造，以实现校园文化的连续性与发展性。

延续性的设计实践，远非简单的外观复刻或形式模仿，而是一种深层次的、综合性的文化传承与创新。它涵盖了建筑风格的延续，即通过对传统建筑元素的提炼与运用，使新建筑与既有建筑在风格上保持协调统一，从而强化校园的整体风貌与历史连续性；同时，它也关注场景化要素的延续，即利用校园内的特定空间布局、景观设置等，营造出富有历史感与文化氛围的校园环境，使师生在其中能够感受到浓厚的历史底蕴与文化传承；此外，细节性要素的延续同样不可忽视，如校园内的雕塑、碑刻、老树等，这些看似微小的元素却往往承载着丰富的历史信息与文化记忆，是校园文化不可或缺的重要组成部分。

延续性原则的实现依赖于物质承载体的有效运用。建筑、景观、设施等作为校园人文环境的构成要素，不仅是历史文化的物质表现，更是文化传承的媒介与桥梁。因此，在设计中，我们应注重这些物质承载体的选择与配置，确保它们能够充分承载并传递校园文化的精髓与特色。

（四）以人为本原则

以人为本原则深刻体现了"人性化设计"的精髓，即将学校师生的生理需求、心理感受、行为模式及文化认知作为设计决策的首要考量，旨在通过精心的规划与布局，营造出一个既符合人体工学又富含人文关怀的校园环境。

以人为本的设计原则，其核心在于对使用者的全面关怀与尊重。在设计实践中，这要求设计者不仅要关注师生的基本生理需求，如空间布局对人体舒适度的考量，还需深入探究其心理层面，包括思维习惯、情感需求及文化认同等复杂因素。此外，设计还需兼顾不同年龄段、文化背景及学习生活习惯的多样性，确保校园环境能够广泛适应并服务于各类使用者，从而构建出一个包容性强、互动性高的学习与生活空间。

以人为本的设计原则体现在对校园各功能区的精细化规划与配置上。无论是教学区、生活区、休闲区还是文化交流区，都应充分考虑师生的实际需求与使用习惯，确保每个区域都能提供便捷、安全、舒适的环境体验。例如，在教学区的设计中，应注重采光、通风及声环境的优化，以营造良好的学习氛围；在生活区，则需关注宿舍的私密性、公共空间的开放性与便捷性，以及生活设施的完善程度；而在休闲与文化交流区，则应创造多样化的空间形态与景观特色，以满足师生多样化的休闲与文化需求。

以人为本的设计原则强调校园环境与师生之间的情感联系与心灵共鸣。校园不仅是知识的殿堂，更是情感与文化的摇篮。因此，在设计过程中，应深入挖掘并展现学校的历史底蕴与文化特色，通过建筑语言、景观元素及空间布局等方式，构建出具有独特魅力与深厚内涵的校园环境。这样的环境不仅能够激发师生的归属感与自豪感，还能在潜移默化中提升他们的文化素养与审美情趣，促进全面发展与健康成长。

（五）绿色生态化原则

绿色生态化原则，作为塑造现代大学人文环境的核心准则之一，其内涵丰富而深远，旨在通过一系列科学规划与技术创新，实现校园与自然环境的和谐共生，同时促进文化传承与社会责任的双重担当。

绿色生态化原则强调在校园规划与建设中融入生态智慧，这要求设计者不仅要尊重校园原有的自然生态基底，如地形地貌、水系植被等，还需运用生态学原理与先进科技手段，如地理信息系统（GIS）与生态模拟技术，科学规划校园用地，合理布局教学区、生活区与绿化区，确保各类功能区域既相互独立又紧密联系，形成一个高效、低碳的校园生态系统。在这一过程中，特别注重生态廊道与生物多样性的保护，旨在构建一个人与自然和谐共存的学习生活环境。

绿色生态化原则的具体实施，离不开 5R 低碳原理的精准指导。在校园历史建筑的改造与再利用上，这一原则尤为关键。通过"再评价"现有建筑的生态价值与文化意义，决定其保留或改造的可行性；遵循"可更新"理念，采用新型节能材料与技术，对建筑结构进行优化升级，提升建筑的能效水平；实践"可再用"策略，保留并强化建筑的历史元素与文化符号，同时融入现代功能需求，实现新旧交融；推行"可循环"机制，促进建筑材料与废弃物的循环利用，减少资源消耗与环境污染；最终达成"减少能耗和污染"的终极目标，使校园建筑成为绿色、低碳、可持续的典范。

此外，绿色生态化原则还强调地域性材料与技术的运用。选用当地建筑材料，不仅能够有效降低运输成本，减少碳排放，还能体现地域特色与文化传承。同时，鼓励对废旧建筑材料的创新性再利用，如通过现代技术手段将废旧砖瓦、木材等转化为新型装饰材料或景观元素，既节约资源又增添校园文化的独特韵味。这种地域性材料与技术的融合创新，不仅是对生态环境的尊重，也是对地方文化传统的继承与发展。

在绿色生态化原则的指导下，生态科学与适宜技术的综合应用成为关键。这要求设计师与建设者不仅要具备扎实的生态学知识，还需熟练掌握各种节能环保技术，如雨水收集与利用系统、太阳能光伏板、绿色屋顶与垂直绿化等，将生态理念贯穿于校园建设的每一个环节。同时，注重传统与现代技术的有机结合，通过智能化管理手段提高校园能效管理水平，如智能照明系统、能耗监测平台等，实现校园资源的精细化管理与高效利用。

（六）安全性原则

安全性原则的核心在于对既有历史建筑进行二次利用时的全面考量与审慎改造。这类建筑往往承载着丰富的历史信息与校园文化，但其年代久远、结构老化等问题也带来了不容忽视的安全隐患。因此，在改造过程中，必须首先确保建筑的结构安全，通过专业的结构评估与加固措施，如对外维护结构进行强化、对建筑本体进行必要的加固处理，以及针对破损严重的门窗、栏杆等构件进行修复或按原貌重建，以确保其能够安全承载现代使用需求。同时，通过合理布局，将学校建筑适度集中形成组团模式，不仅丰富了外部景观层次，也便于设置多条疏散通道，构建多出口疏散系统，显著提升校园应急响应能力。

进一步而言，安全性原则还体现在对校园内部空间尺度的精心把控上。当前，许多校园内部存在的大广场、大水面、大尺度道路等设计，虽看似宏伟壮观，实则不利于师生的日常交流与安全感营造。依据芦原义信关于尺度的理论，小尺度空间更能促进人际互动与心理安定。因此，在校园规划设计中，应依据实际功能需求，合理划分空间尺度，避免大而无当的设计，确保每一处空间都能成为促进师生交流、增强安全感的温馨场所。

此外，对于礼堂、图书馆、公共教学楼、体育场馆等大型公共场所，安全性原则的体现则更为具体而微。这些场所不仅需配备完善的基础设施，如水电供应、卫生盥洗设施及智能通信系统等，还需特别关注应急避难配套设施的建设。设计避难标识指示系统，详尽绘制场地路线图、设施规划图，明确公布应急设施使用方法，并设置宣传栏普及基本避难常识，是提升校园应急管理水平的关键。这些措施需与城市整体防灾避难系统紧密衔接，确保在紧急情况下能够迅速启动，有效保障师生生命安全。

（七）可持续发展原则

在当今全球资源日益紧张、环境压力不断加剧的时代背景下，可持续发展原则作为指导人类活动与空间设计的核心理念，其重要性愈发凸显。这一原则不仅要求我们在满足当前需求的同时，必须考虑到未来世代的生存与发展权利，确保自然资源的可持续利用与生态环境的良性循环。在校园人文环境塑造的广阔领域中，可持续发展原则更是成为设计实践不可或缺的指导方针。

随着全球资源的日益匮乏，特别是城市化进程的加速推进，人类社会面临着前所未有的挑战。在这一背景下，人们开始重新审视建筑与环境的关系，从传统的以消耗资源、破坏环境为代价的发展模式，逐渐向绿色、低碳、可持续的方向转变。高校作为知识创新与社会责任担当的重要载体，其校园建设更应走在可持续发展的前列，成为引领社会风气、推广绿色理念的典范。

在塑造校园人文环境的过程中，可持续发展原则要求我们不仅要关注新建筑的设计与建设，更要重视旧建筑的更新与再利用。旧建筑承载着丰富的历史记忆与文化价值，是校园文脉的重要组成部分。通过科学的改造与合理的利用，这些旧建筑不仅能够焕发新的生机与活力，还能有效减少资源浪费与环境污染，实现经济效益、社会效益与环境效益的和谐统一。

具体而言，在旧建筑的更新与改造过程中，应坚持节约资源、减少排放的原则，采用环保材料与节能技术，降低建筑物对资源能源的依赖。同时，注重与当地气候条件的适应性设计，充分利用自然采光、通风等被动式节能手段，提高建筑的能效水平。此外，还应注重建筑的文脉传承与城市个性的融合，通过巧妙的设计手法，将旧建筑的历史韵味与现代功能需求相结合，创造出既具有时代感又不失文化底蕴的校园空间。

在可持续发展原则的指导下，校园人文环境的塑造还应注重生态系统的保护与恢复。通过增加绿化面积、构建生态廊道、引入本土植物等措施，打造绿色生态的校园环境，为师生提供一个亲近自然、放松身心的场所。同时，加强环境教育与意识培养，引导学生树立绿色生活观念与可持续发展意识，共同推动校园乃至社会的可持续发展进程。

二、大学生人文环境塑造的设计方法

（一）大学生人文环境塑造的主要方法

1. 留存设计

在当代大学生人文环境的塑造过程中，留存的设计方法作为重要手段，不仅可以有效保留校园的历史文化特质，还能为学生提供一个有着深厚文化底蕴和人文关怀的学习环境。留存的设计方法通过对历史建筑与景观的整体或局部保留，营造出一种充满归属感、历史感和文化认同的校园空间，进而促进学生对自身人文精神的认知与培养。留存设计方法通过保留历史建筑和景观，将校园的历史文化与现代教育紧密结合，赋予学生深厚的文化认同感和历史责任感。留存设计能够帮助学生在日常学习生活中自然而然地受到历史文化的熏陶，增强他们的人文素养与精神涵养。留存设计通过对历史遗产的尊重与保留，体现了校园文化的持续性和延续性，成为大学精神传承的重要载体。

（1）整体留存的设计方法。整体留存的设计方法是一种全局性的策略，其目的是在校园规划和建设中尽可能地保留历史性建筑及其周边环境，创造出富有历史文化气息的学习场所。历史建筑不仅是校园文化的物质载体，更是大学精神传承的重要象征。通过整体留存，校园能够为学生提供一个充满时间厚度的空间，使他们在潜移默化中感受到历史文化的滋养。

第一，历史性建筑的整体保留。在许多具有深厚历史积淀的高校中，保存完好的历史建筑往往是校园文化的核心。这些建筑不仅见证了学校的发展历程，也承载着几代师生的记忆和情感。在人文环境塑造的过程中，历史建筑的整体保留能够为学生提供丰富的文化体验，唤起他们对历史的兴趣与尊重。例如，我国许多百年老校的古老教学楼和图书馆，往往被认为是校园文化的象征，学生在其中学习，不仅能感受到历史的厚重感，还能通过这些建筑与过去的学术传统产生精神联系。

第二，熟悉的环境氛围。整体留存的设计不仅仅是在物质层面保留历史建筑，更重要的是在精神层面上为学生创造出一种熟悉的环境氛围。这种氛围能够增强学生的归属感，使他们感到自己是学校历史与文化的一部分。一个完整的、有归属感的空间能够激发学生的文化认同感和集体荣誉感，从而促进他们在人文精神方面的成长。因此，在设计中，应重视保留校园中那些具有标志性意义的建筑与景观，以维系师生之间的情感纽带，延续校园的人文气息。

（2）局部留存的设计方法。与整体留存相比，局部留存的设计方法是一种更具灵活性的策略，适用于在客观条件限制下无法对整个校园历史遗存进行保留的情况。通过对建筑、构筑物和景观的局部保留，局部留存不仅能传递历史文化信息，还能适应现代校园发展的需求。局部留存方法的多样性为不同校园提供了在有限空间和资源下塑造人文环境的可能性。

第一，建筑单体功能与形态的局部保留。在一些校园改建或扩建过程中，完全保留历史建筑可能会受到空间、资金或现代功能需求的限制。这时，局部保留建筑单体的功能与形态成为一种有效的设计策略。例如，可以保留建筑的外观形态或立面风格，而在内部进行功能性改造，使其既能满足现代教学需求，又不失原有的历史文化特色。通过这种方式，历史与现代能够在同一空间中共存，既保持了校园文化的连续性，又符合时代发展对教育设施的功能要求。

第二，建筑材料的局部存留。对于一些历史性建筑，材料本身也具有重要的文化象征意义。局部保留建筑材料的设计方法，旨在通过保存或复用原有建筑材料，延续建筑的历史感与文化价值。例如，在一些校园改造项目中，设计者会有选择地保留老建筑的砖瓦、石材或木构件，甚至将这些材料重新应用到新的建筑设计中，以实现历史文化的传承与延续。这种手法不仅能够节约资源，还能在视觉和触觉上为学生提供与历史直接对话的机会。

第三，有历史文化内涵的构筑物的局部存留。在校园内，除了建筑物本身，许多有文化内涵的构筑物如雕塑、纪念碑和历史地标，同样是校园人文环境的重要组成部分。局部保留这些构筑物可以为学生提供重要的文化和历史教育。例如，一些大学的校史碑、名人雕像等，往往承载着学校的历史记忆和精神象征。通过保留这些具有特殊意义的构筑物，学生能够在日常生活中不断受到历史文化的熏陶，增强对校园文化的认同感和自豪感。

第四，历史人文环境的局部存留。历史人文环境的局部存留设计，通常指的是在校园改建或扩建过程中，部分保留校园中具有代表性的人文景观或文化空间。这种设计手法通过保留特定的文化空间或历史景观，传递校园独特的人文氛围和精神内涵。例如，一些大学校园内的古树、花园或小桥流水等自然景观，往往具有独特的文化意义，承载着学校历史上重要的事件或人物记忆。在设计过程中，保留这些自然或人工景观，不仅可以为学生提供一个宁静、优美的学习环境，还能帮助他们理解和感知学校的历史文化背景。

2. 新旧衔接设计

在大学校园的人文环境塑造过程中，新旧衔接的设计方法作为一种重要的设计策略，旨在有效协调和融合历史建筑与现代建筑之间的差异，以创造出和谐且富有文化内涵的学习环境。随着社会的快速发展，许多高等院校面临着老旧建筑与新建设施的共存与融合问题。在这种背景下，如何以适当的设计手法实现新旧建筑的有机结合，不仅关乎建筑美学的实现，更影响着校园的人文氛围和学生的精神体验。

新旧衔接的设计方法，主要是针对历史性建筑与现代建筑之间在风格、材料、形态等方面存在的显著差异，通过一系列巧妙的设计手法，促进两者之间的平滑过渡。这种设计方法的核心在于寻求一种中性或隐性的衔接方式，以避免直接连接可能引起的视觉冲突和不适感。这种设计思路既尊重了历史建筑的文化价值，也体现了现代建筑的功能需求，形成一种相辅相成的关系。

在许多校园建设中，历史建筑往往是校园文化的重要象征，它们承载着丰厚的历史记忆和文化内涵。然而，与现代建筑在设计语言和风格上的差异，使得简单的直接连接往往会造成视觉上的混乱。因此，新旧衔接的设计方法强调通过选择中性材料和独特的构造形式来减少这种冲突感。这种设计策略不仅是为了满足视觉美学的需求，更是为了在空间上实现功能与美感的统一。

在新旧建筑之间的过渡设计中，选择中性材料如灰色砖石、混凝土或玻璃等，能够有效弱化新旧建筑间的视觉差异。这些中性材料既不抢夺历史建筑的风头，又能与现代建筑的简约风格相融合，达到和谐共处的效果。例如，在一些大学校园中，设计师在历史建筑与新建图书馆之间设置了一座由透明玻璃和灰色混凝土构成的中庭，通过这种方式，既能保证充足的自然光线，又不会干扰历史建筑的风貌。

隐形连接作为新旧衔接的关键手法，旨在将过渡区域巧妙地隐藏在建筑立面后，不显露于外。这种设计方法不仅能够减轻新旧建筑之间的视觉冲突，还能在不影响建筑功能的前提下，为学生提供一种独特的空间体验。比如，许多校园在连接历史教学楼与现代实验室时，采用了廊道或灰空间的设计，使两者之间的过渡显得自然流畅。这样的设计不仅能满足实用性，还能在视觉上创造出更为开放和连贯的环境。

新旧衔接的设计方法不仅仅关注于美学层面，更重要的是在功能上的合理配置与共享。通过创造共用空间，能够实现历史文化的传承与现代教育功能的结合，为学生提供一个多功能的人文环境。

（1）共享中庭的设计。中庭作为校园建筑的重要组成部分，通常是新旧建筑之间的过渡区域。共享中庭的设计不仅能促进建筑之间的物理连接，也

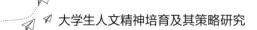

能作为社交和学习的空间，为学生提供一个自由交流和合作的场所。在许多高等院校中，设计师将历史建筑与现代设施围绕一个开放的中庭进行布局，使其不仅成为连接两者的桥梁，更是校园生活的重要场域。在这样的环境中，学生可以在历史氛围中学习，同时享受现代设施带来的便利。

（2）过渡的灰空间的构建。过渡的灰空间是新旧建筑之间的一种重要设计手法，主要指那些既不属于历史建筑，也不完全是现代建筑的过渡区域。这种空间的设计往往以开放、灵活为特点，可以根据不同的使用需求进行调整和变换。例如，一些大学在新旧建筑之间设置了多功能活动室或展览空间，这不仅为校园文化活动提供了场所，也使得历史与现代的文化在空间中进行碰撞与交流。这样的灰空间设计，既保持了校园的人文气息，又增强了学生的参与感和互动性。

（3）廊道的设计应用。廊道作为新旧建筑连接的重要形式，通过设计独特的廊道，可以为两者之间的过渡增添更多的文化内涵。许多高校在廊道的设计上运用了一系列的艺术装置或历史文化元素，使其不仅是交通的通道，更是文化的展览空间。这样的设计不仅能强化校园的人文氛围，还能让学生在日常往返中潜移默化地接受历史文化的熏陶，增强对校园文化的认同感。

新旧衔接的设计方法在人文环境塑造中的重要性不言而喻。它不仅是建筑设计的一种技巧，更是一种文化传承的方式。通过有效的设计手法，新旧建筑之间的过渡不仅能够降低视觉上的冲突，还能增强校园的文化凝聚力，提升学生的人文素养。

在未来的校园建设中，设计者应继续探索和实践新旧衔接的设计方法，结合当代建筑技术与历史文化的深厚积淀，创造出更多具有文化深度和视觉美感的空间。同时，应鼓励学生参与到校园设计的讨论中，让他们在参与中更深入地理解和感受校园的人文环境。

3. 对比设计

通过建筑与建筑之间、景观与景观之间的对比关系，可以为学生创造出一个多层次、富有生机和趣味的学习环境。这种设计方法不仅避免了单调和刻板的空间感，更通过对比产生出丰富的视觉和文化体验，进而促进学生的思维和创造力发展。

对比的设计方法涉及在空间布局与形式表达中，通过明显的差异性来强调不同元素之间的关系。这种差异可以体现在建筑的体量、形式、材质、颜色等方面，也可以体现在景观的配置与表现手法上。通过这些对比，设计者能够有效地引导观察者的视线，增强空间的层次感与趣味性，使人们在校园中漫游时不断发现新的景观与体验。

（1）建筑之间的对比设计。建筑之间的对比主要体现在多个维度上，包括体量、形式、大小、明暗、材质和颜色等。通过这些元素的对比，可以实现建筑之间的和谐共处与文化传承。例如，在某些高校的校园设计中，现代建筑的简约线条与传统建筑的复杂曲线形成鲜明对比。这种设计策略不仅能够展现不同建筑风格的独特魅力，还能在视觉上创造出丰富的空间层次。

第一，体量与形式的对比。建筑体量的对比是对比设计中的重要元素。在校园内，通过不同体量建筑的组合，能够创造出富有动感的空间感。例如，大型教学楼与小型实验室之间的对比，不仅使得校园在规模上形成层次感，同时也为不同功能的空间提供了适宜的氛围。形式的对比则体现在建筑的几何形状与轮廓上，例如，通过将矩形的现代建筑与弯曲的历史建筑相结合，不同的形式会产生不同的光影效果和视觉体验，从而丰富整个校园的空间感。

第二，材质与颜色的对比。材质和颜色的选择也在建筑对比中起着至关重要的作用。通过对不同材质的运用，如混凝土、玻璃、木材等，可以创造出不同的质感与氛围。例如，冷色调的金属建筑与暖色调的砖石建筑之间的对比，能够在视觉上形成鲜明的冲击，同时引发对空间功能和情感的联想。此外，利用不同的色彩组合，能够使建筑在视觉上产生层次与深度，从而增

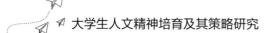

强学生的空间体验。

（2）景观之间的对比设计。在景观设计中，对比的手法同样具有重要的作用。通过对不同景观元素的配置与组合，可以有效提升校园环境的趣味性与吸引力。例如，利用植物的高度、形状、颜色以及硬景观材料的对比，能够创造出丰富的自然体验，促进学生的身心发展。

第一，时间与空间的对比。在校园的景观设计中，通过对时间的体现，如季节变化、植物的生长周期等，可以使景观富有生命感。例如，秋天的枫树与春天的樱花之间的对比，不仅展现了自然的变化，更为学生提供了感受时间流逝的机会。这样的设计不仅丰富了视觉体验，还引发了对生命、时间与自然的思考。

第二，材质与手法的对比。在校园景观的设计中，使用不同的材质与手法也是实现对比的重要方式。硬质材料如石材、混凝土与软质材料如草坪、花坛的对比，可以营造出不同的氛围与功能区。例如，在一些高校的园区中，采用石材铺成的小径与周围的绿植形成对比，既提供了便捷的交通功能，又为学生创造了一个宜人的游憩环境。此外，利用传统与现代的手法进行景观设计，也能增强校园的文化深度，如结合传统园林的设计理念与现代景观艺术，营造出独特的文化氛围。

对比的设计方法在人文环境的塑造中具有深远的意义。通过建筑与景观之间的对比，不仅可以避免单调的空间布局，还能激发学生的探索精神与创造力。在日常学习与生活中，丰富的视觉体验能够促进学生的思维发展，使他们在潜移默化中受到文化与艺术的熏陶。

在未来的校园设计实践中，应继续重视对比设计方法的创新与应用。设计者应关注不同文化背景与地域特色，通过对比手法展现出校园的独特性与多样性。同时，鼓励学生参与校园设计的讨论与实践，使他们在设计过程中更深入地理解和感知人文环境的价值与意义。这样的参与不仅能增强学生的归属感与责任感，还能为他们提供更多的文化体验与成长机会。

4. 隐喻设计

在现代高等教育中，校园人文环境的塑造不仅关乎物理空间的构建，更是对学生精神世界和文化认同的重要影响。隐喻的设计方法在此过程中扮演着至关重要的角色。通过隐喻，我们不仅能传递信息，更能激发情感和思考，帮助学生在复杂的文化背景中找到自我定位，回顾历史、理解当下并展望未来。

隐喻的设计方法在校园人文环境的构建中，体现在对地方文化的敏锐洞察与深刻理解。校园环境并非单纯的空间安排，而是与地方历史、文化、社会习俗等密切相关的复杂系统。因此，设计者必须因地制宜，将地方的文化元素融入校园设计中，使之既能反映地域特征，又能激发学生的文化认同感。例如，在某些校园中，设计者可能会利用当地传统工艺品的形态或色彩，通过雕塑、浮雕等艺术形式将这些元素呈现出来，构建一个与地方文化相融合的校园环境。这种隐喻设计不仅增强了校园的独特性，也使得学生在潜移默化中受到地方文化的影响。

隐喻的设计方法还可以通过对历史人物和事件的再现，来强化校园人文环境的历史深度和文化厚度。例如，在某些高等院校，设计师会选取地方历史上的杰出人物，通过雕塑或墙面艺术的形式，将其故事和成就呈现在校园中。这样的设计不仅为校园环境增添了文化内涵，也为学生提供了可借鉴的榜样，激励他们在追求学术与人格发展的过程中，时刻铭记历史的教诲。这种隐喻不仅在视觉上营造出浓厚的人文氛围，也在精神上鼓励学生们追求卓越，提升其对校园环境的归属感。

隐喻设计的另一个重要方面是通过符号化元素的运用，以营造出富有层次感的校园文化环境。设计师可以利用图案、文字、色彩等符号化元素，将校园的历史与文化进行物化，从而形成一种直观的视觉语言。例如，在校园的主要通道或广场上，设计师可以运用色彩丰富的铺装和具有文化象征意义的景观小品，来引导学生在日常生活中感知和体验人文氛围。这样的设计不仅美化了校园空间，也在潜移默化中培养了学生的文化敏感性，使他们在漫步校园的过程中，能够感受到历史与文化的交融。

在具体的设计过程中，隐喻的设计方法还需要考虑到学生的多样性和文化背景。不同的学生群体在其成长过程中受到的文化熏陶不同，设计者必须尊重和理解这种多样性，确保校园人文环境能够包容各类文化表达。例如，在某些校园中，设计师可以通过多语言标识和多元文化展示，来体现校园的包容性与开放性。这样的设计不仅让每位学生感到被重视，也为校园文化的丰富性和多样性提供了保障。

5. 协调设计

在人文环境的塑造过程中，协调性设计方法的重要性不言而喻。此方法不仅涉及物理空间的构建，更深层次地反映了建筑与环境之间、建筑与文化之间的动态关系。通过综合考虑时间、空间及周围环境等多重因素，协调设计旨在实现设计元素之间的相互联系与和谐共生，促进校园人文环境的整体提升。

（1）建筑高度与体量的协调统一在校园人文环境的塑造中显得尤为重要。在高等教育机构中，随着校园规模的不断扩大，新的建筑项目常常与既有建筑形成对比，可能导致视觉上的冲突。为避免这种情况，设计者需在建筑高度和体量上进行精心规划，以确保新建、改建及扩建的建筑与原有建筑之间能够和谐共处。例如，适度控制新建筑的高度，选择与周围环境相协调的体量，使得校园整体视域不被破坏，从而营造出一种和谐的空间氛围。这种设计不仅能增强校园的美感，还能在潜移默化中提升学生的归属感与安全感。

（2）材料与色彩的协调一致在校园人文环境的塑造中同样不可或缺。建筑的材料与色彩不仅是构成其视觉形象的重要元素，更是承载校园历史与文化记忆的媒介。在设计过程中，材料的选择应兼顾原有建筑的特性，努力实现新旧建筑之间的无缝连接。例如，在新建筑中采用与历史建筑相同或相似的材料，既能保持校园风貌的一致性，又能通过材质的延续传递出建筑背后的文化脉络。同时，色彩的运用也应考虑到周围环境的整体氛围。设计者应在保持新建筑个性的同时，确保其色彩与周围建筑群、景观及自然环境相协调，以达到视觉上的统一。这种协调设计不仅为校园增添了视觉上的层次感，也提升了校园的整体艺术价值。

协调设计方法还强调人与环境之间的和谐关系。校园人文环境不仅是物质空间的叠加，更是学生、教职员工与环境互动的场所。在设计过程中，需充分考虑到人们在校园内的活动方式与习惯，以创造出适合各种社交和学习场景的空间。例如，设计开放的公共区域与景观小品，使得学生在课余时间能够进行交流与休闲，增强校园的社交氛围。在这一过程中，设计者需考虑到空间的流动性与功能性，确保不同功能区域之间的流畅衔接，从而形成一个富有生命力的校园人文环境。

协调设计方法的另一个重要方面是对校园历史文化的尊重与传承。在高等教育机构中，历史与文化的积淀是其独特的魅力所在。设计者应在校园环境的塑造过程中，充分挖掘和利用地方文化资源，通过建筑、景观和艺术装置等形式将这些文化元素呈现出来。这不仅能够丰富校园的文化内涵，还能为学生提供一个深具教育意义的学习和成长环境。例如，在校园中设立文化展示区或历史纪念碑，能让学生在日常生活中潜移默化地感受到校园的历史底蕴，从而增强他们的文化自信与责任感。

总之，协调的设计方法在大学生人文环境塑造中发挥着举足轻重的作用。通过在建筑高度与体量、材料与色彩、人与环境之间的和谐统一，设计者能够创造出一个既美观又富有文化内涵的校园环境。这种设计不仅增强了校园的整体形象，也为学生提供了一个富有灵性与人文关怀的学习空间。最终，这一切都将为学生的全面发展与成长提供重要支持，培养出更加具有社会责任感与文化自信心的人才。

（二）大学生人文环境塑造的方法实践

1. 高校建筑的人文环境塑造实践

（1）校园建筑改建对人文环境的保留。在当代高等教育的发展背景下，校园建筑的改建与扩展已成为高校面临的重要课题。建筑不仅是物理空间的构建，更是人文环境的承载体。如何在校园建筑的改建过程中有效地保留和传承人文环境，尤其是老校区的历史文化和场所精神，成为一个亟待探讨的问题。校园建筑作为教育环境的一部分，承载着历史、文化与教育的多重价值。老校区中的建筑，不仅是过去教育活动的见证者，更是校园文化的重要组成部分。这些建筑所展现的历史风貌、文化内涵和社会价值，构成了校园特有的人文环境。因此，在进行校园建筑改建时，保护和重塑这些人文环境是至关重要的。

场所精神的保留是人文环境塑造的重要任务。场所精神反映了某一特定空间的历史与文化内涵，是人们对空间认同和归属感的直接体现。在建筑改建过程中，设计者需深入理解和挖掘老建筑所蕴含的历史信息与文化意义，以此为基础进行适当的改建与更新。这种保留与改建之间的平衡，既体现了对历史的尊重，也为未来的教育活动提供了丰富的文化背景。

校园建筑的改建通常分为修复与更新两种策略。修复强调对原有建筑形态和结构的保留，更新则侧重于功能和空间的重新组合。两者并非对立，而是可以在实践中相辅相成，共同实现人文环境的保留与创新。

第一，修复的塑造方式。修复策略通常通过对建筑材料的更新使用、空间的调整等手法，旨在尽量保留原有建筑的功能与外观。在老校区的改建过程中，修复可以通过三个方面实现：① 材料的选择与使用。在修复过程中，采用与原建筑相匹配的新材料，不仅能够提高建筑的使用寿命，还能保留其历史风貌。例如，在修复老教室时，可以使用传统的木材和石材，确保修复后的空间与原有建筑风格相一致。② 功能的适度调整。在不改变建筑外部形态的前提下，适度调整内部空间的功能。例如，将原有的实验室改造为现代化的多功能教室，既能满足当代教育需求，又能保留原有的建筑特色。③ 文化传承的体现。在建筑的修复过程中，加入相关的文化展示与解读，如在建筑内增设文化展览区域，展示校史、校训及文化活动的照片，使每一栋建筑不仅是教学场所，更是文化传播的媒介。

第二，更新的塑造方式。更新策略旨在通过重新设计建筑内部空间、外部形态等，以适应现代教育的需求。这种策略在改建时应保持对原建筑风格的尊重，主要体现在三个方面：① 空间的灵活重组。在建筑内部，采用模块化设计、可移动隔断等手法，灵活组合不同的教学空间，以适应多样化的教学形式。这种设计不仅提高了空间利用率，也增强了学生的学习体验。② 外部环境的整合。更新过程中，要重视建筑外部环境的设计，努力与周围环境相协调，创建开放的学习与交流空间，如校园广场、绿化区域等，使建筑更好地融入校园整体环境，增强人文氛围。③ 技术与传统的结合。在更新过程中，引入现代化的建筑技术与设施，例如智能化教学设备、节能环保系统等，但同时保持与传统建筑风格的和谐统一，使得新旧建筑在视觉与功能上形成互补。

（2）校园建筑扩建对人文环境的保护。在当今高等教育不断发展的背景下，校园建筑的扩建不仅仅是对物理空间的简单增加，更是对人文环境深刻影响的体现。尤其是在老校区内，建筑的扩建实际上可以视为一种重建，其目的在于满足现代教育对功能和空间的多样化需求。这一过程中，建筑本身作为承载人文精神的重要载体，发挥着不可或缺的作用。

第一，毗连式扩建作为一种有效的建筑塑造方式，能够在保持原有建筑垂直特征的同时，通过向周围增添新楼翼，将分散的建筑单体有机地连接起来。此种方式不仅增强了校园空间的连通性和整体性，还有效维护了校园的人文氛围。通过合理的空间布局与设计，使得原有建筑与新建构件在功能与视觉上形成和谐共存，促进师生之间的互动与交流，从而更好地传承与发展校园文化。

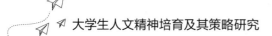

第二，独立式扩建为新旧建筑之间的功能联系提供了可能性。这种扩建形式既考虑了整体校园规划的协调性，又允许新建筑在功能上保持相对独立。通过在校园内插建或新建建筑，不仅丰富了校园的建筑形态，还为师生提供了更多的活动空间和功能选择。特别是在土地资源有限的情况下，适当选择远离原建筑的区域进行扩建，可以有效保护校园的历史遗迹和人文精神，使其在现代教育环境中依然保有独特的历史韵味。

第三，竖向式扩建为应对土地资源紧缺提供了另一种解决方案。通过增加建筑的层数，不仅提高了空间的使用效率，还能够在一定程度上保护原有建筑的结构与形态。然而，这种扩建形式对建筑结构的承载能力提出了更高的要求，设计师需在提升建筑密度与维护人文环境之间寻求平衡。只有在确保安全的前提下，才能实现高层建筑的成功构建。

第四，向下式扩建则为校园在保持历史风貌的同时提供了一条新的出路。在用地紧张且校园历史价值高的环境中，通过将扩建部分延伸至地下，不仅可以节省宝贵的地面空间，还能有效维护校园的历史文脉。这种设计策略体现了对校园历史的尊重与保护，确保人文环境在现代化进程中得以延续。

总体来说，校园建筑的扩建不仅仅是对空间的物理改变，更是对人文环境的深层次保护与传承。建筑更新改造作为校园最重要的空间场所，对塑造和传递历史记忆具有直接而重要的影响。在扩建过程中，设计者应始终关注与周围文化环境的协调，保持建筑的整体性与历史延续性，以实现校园人文环境的和谐发展。通过这样的实践，校园不仅能够满足当代教育需求，同时也能在变革中保留其独特的人文魅力。

（3）校园新建建筑对人文环境的尊重。校园新建建筑不仅仅是空间和功能的扩展，更是对人文环境深切尊重的体现。新建建筑的设计与实施需始终秉持一种人文关怀，旨在保护和传承校园的文化根基和精神面貌。在这一背景下，原址新建与新址新建的方式，成为尊重校园人文环境的重要实践。

第一，原址新建作为一种重要的建筑塑造方式，强调在校园内部进行建设时，必须将人文环境的塑造理念融入设计之中。这一形式通常包括两种情况：① 在原有校园空地上进行新建筑的设计，以满足不断增长的学生需求。这种设计不仅需要考虑到建筑本身的功能性，还需关注其与周围环境的和谐协调。② 针对原有老建筑的拆除后，在同一地点进行的新建。此时，对人文环境的尊重尤为重要，因为老建筑在校园历史上扮演着至关重要的角色，承载着独特的建筑精神和文化内涵。在这种情况下，建筑设计者需在创新与传统之间寻求平衡，确保任何新的设计或改动都能够在尊重历史的基础上进行，避免因设计不当而对原有建筑文化造成负面影响。

第二，新址新建同样是对人文环境的尊重的重要体现。在选择新址进行建筑时，设计者需最大限度地考虑到与老校区的人文环境的关系，以确保新建建筑能够与周围建筑形成合理、有机的组合。新址的选择应当经过深思熟虑，确保新建筑的风格、材质及空间布局与原有建筑环境相辅相成，避免突兀感的产生。通过这种方式，新建建筑不仅是空间的拓展，更是对原有校园文化的一种延续和补充，有助于在新旧建筑之间建立一种情感联系，使师生在新环境中依然能够感受到校园的历史脉络与人文氛围。

在设计实践中，建筑师们应积极融入当地文化、历史及自然环境的元素，以创造出既具现代功能，又富含人文关怀的校园空间。通过这种方式，新建建筑不仅在物理空间上满足了教学需求，更在精神层面上与校园的历史与文化形成了一种对话。设计中的细节，例如建筑材料的选择、建筑形态的设计以及与周围景观的互动，都应体现出对人文环境的深刻理解与尊重。

2. 高校景观的人文环境塑造实践

高校作为知识传播与文化交流的重要基地，其人文环境的塑造不仅关乎校园的美观，更直接影响着大学生的思想发展、文化认同及社会适应能力。在这个过程中，校园景观的设计与构建发挥着至关重要的作用，既要承载丰富的历史文化，又要与自然环境有机结合，形成独特的人文精神环境。以下将深入探讨高校景观在人文环境塑造中的实践方法。

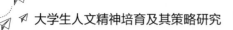

（1）结合校园历史文化的景观设计。高校景观设计不仅是对物理空间的构建，更是对校园历史文化的传承与再现。在这一设计过程中，建筑风格、雕塑艺术、历史遗迹等元素的融入，能够有效增强学生对校园历史的认同感和归属感。例如，校园内可以设置与校史相关的纪念碑、雕塑以及文化长廊，通过这些视觉符号的展示，增强学生的文化自信，促进他们对学校历史的思考与理解。此外，设计者应考虑将历史事件和校友成就融入校园景观，以故事的形式传达学校的价值观和精神追求，让学生在日常生活中潜移默化地接受这些文化教育。

（2）结合自然环境的景观设计。高校景观的构建应充分考虑自然环境的影响，强调人与自然的和谐共生。校园绿化、景观水体、花坛和生态园等设计元素，不仅能够改善校园的生态环境，也为学生提供了一个良好的学习和生活氛围。通过自然景观的设置，可以激发学生的创造力和想象力，使他们在自然中获得心灵的宁静与启迪。此外，自然景观的存在也有助于培养学生对生态环境的关注与责任感，提升其人文素养。在校园中设置步道、健身区域和休闲场所，使学生能够在繁忙的学习之余，享受到大自然的馈赠，促进心理健康与身体素质的提高。

（3）高校人文精神环境的细节环境塑造。在校园内部，细节的设计同样至关重要。公共设施如广播系统、垃圾桶、宣传牌、路灯和标识系统等，虽然看似平常，却是构成校园人文环境的重要元素。细节景观包括校园内的建筑、座椅、花坛、围墙、指路牌、标识牌、栏杆、灯具、台阶，甚至水塔等。这些设施不仅为广大师生提供了便利，还在无形中美化了校园环境，提高了校园的整体品质。设计时应注重设施的实用性与美观性相结合，例如，垃圾桶的设计可以融入艺术元素，使其既能发挥实用功能，又能成为校园景观的一部分，提升学生的环保意识。

（4）引导学生行为活动的人文景观塑造方式。通过对人文景观的精心设计，可以有效引导学生的行为活动。例如，设置特定的文化交流区域、社团活动场所及读书角落，能够激发学生的主动参与意识和文化交流欲望，从而形成积极向上的校园氛围。这些专门区域可以配备多媒体设施，举办各类学术交流活动、艺术表演及文化讲座，鼓励学生参与，提升其综合素质。同时，合理的空间布局能够促进学生间的互动，增强校园的凝聚力和归属感，从而为学生的成长提供良好的环境支持。

（5）体现文化特质的人文景观塑造方式。校园人文环境的设计应体现出学校的文化特质和教育理念。这可以通过主题雕塑、文化墙以及校园内的艺术装置等形式实现，借以传递学校的价值观和精神追求。例如，校园中可以设置与学校发展历史相关的艺术装置，以生动的方式讲述学校的故事，让学生在日常生活中感受到学校的文化底蕴。同时，定期举办艺术展览、文化活动等，能够进一步丰富校园的文化内涵，提升学生的人文素养，增强他们对学校文化的认同与参与感。

（6）增加趣味性的人文景观塑造方式。为了使校园生活更加丰富多彩，景观设计中应融入趣味性元素。例如，设置互动式的艺术装置、文化主题小品，以及供学生休闲娱乐的空间，不仅能够增强校园的活力，也能激发学生的创新思维。通过这些趣味性的人文景观，学生能够在学习之余，享受到轻松愉快的校园生活，形成良好的心理健康。可以设计一些具有互动性的活动空间，如户外剧场、艺术创作角等，让学生在参与的过程中感受到乐趣，同时激发他们的创造潜能和团队合作精神。

高校景观的人文环境塑造是一个多维度的实践过程，涵盖了历史文化的传承、自然环境的融合、细节设计的重视等多个方面。通过这些方法的综合运用，可以有效提升校园的文化氛围，培养学生的人文素养，从而促进他们的全面发展。最终，高校应在景观设计中强调人文关怀，构建和谐、优美的校园环境，为学生的成长和发展提供坚实的基础。

第五章　学术课程对大学生人文精神培育的推进

第一节　学术讲座对大学生人文精神的塑造作用

学术讲座作为高校文化的重要载体，通过邀请各领域杰出学者分享前沿思想与深刻见解，为大学生搭建起一座连接知识与智慧的桥梁，深刻影响着他们的人文精神塑造，激发其对真善美的追求与探索。在多元化的学术讲座中，大学生不仅能够拓宽学术视野，更能在思想的碰撞与交流中，培养批判性思维、跨文化理解能力及深厚的人文情怀，为成为具有社会责任感、创新精神和人文关怀的复合型人才奠定坚实基础。

一、学术讲座的特征

随着现代高校的不断发展，学术讲座无论从内容还是形式都发生了明显的变化，现代高校的学术讲座逐步演变为一场临时性的学术报告或学术演讲，学术讲座从先前的一种制度演变成一种学术活动。概括而言，现代高校的学术讲座，又称学术演讲或学术报告，是指某一学科领域的专家学者、知名人士或社会贤达围绕相关主题在一定的时间内，将自己的观点或知识以报告或演讲的方式传授给大学生的一种学术活动。

学术讲座在高校教育体系中扮演着重要角色，尤其对在校师生而言，其潜在影响是深远而持久的。这种影响源于学术讲座本身所具备的一系列典型特征，具体可归纳为以下方面。

（一）讲座内容的跨学科性

学术讲座最显著的特征之一在于其内容的跨学科性，这一特性突破了传统学科界限的束缚，实现了知识领域的广泛交汇与深度融合。在讲座的平台上，讲师得以超越既定的教学框架与课程要求，自由探索并分享其专业领域内外的真知灼见，展现出高度的学术自由与思想开放。这种无边界的知识探索不仅丰富了讲座内容的广度，更促进了不同学科之间的思想碰撞与理论创新。讲座内容可能横跨人文社会科学、自然科学乃至艺术等多个领域，通过多维度的视角探讨人类文明的多元面貌，如人文与科学的对话揭示了理性与感性的和谐共生，艺术与人生的融合则启迪了人们关于生活美学的深刻思考，而传统与现代的碰撞、经济与社会的相互渗透，以及中国与世界的交流互鉴，则进一步拓宽了大学生的知识视野，激发了其跨学科思考的潜能。

此外，跨学科性还体现在讲座能够促进知识体系的重构与整合。在讲座过程中，讲师往往能够运用跨学科的方法论，将看似孤立的知识点串联起来，形成更为全面、系统的知识体系。这种整合不仅有助于大学生深化对某一特定领域的理解，更能培养其综合运用多种学科知识解决实际问题的能力，是高等教育培养复合型人才的重要途径之一。

（二）讲座知识的前瞻性

学术讲座之所以能在高校教育生态中占据举足轻重的地位，并持续对师生群体产生深远影响，其另一核心特征在于讲座知识所展现出的前瞻性与创新性引领。讲座不仅仅是讲师学术生涯阶段性成果的展示平台，更是他们站在学科前沿，洞察未来趋势，向大学生传递新知与洞见的窗口。

讲座内容往往超越了既有知识体系的框架，蕴含着研究者对未知领域的勇敢探索与深刻洞察。即便某些话题看似老生常谈，讲座却能以其新颖的研

究视角、独特的方法论或是对现实背景的敏锐捕捉，赋予这些话题新的生命与意义。讲师通过重新审视经典理论，结合时代变迁与社会发展的实际，提出独到见解，从而推动学科知识的深化与拓展。

讲座常常成为国际学术界最新研究成果的首发站。在这里，大学生能够第一时间接触到前沿的科研动态，了解学科领域内最尖端的发现与突破。这些新知不仅拓宽了师生的知识边界，更激发了他们对未来研究方向的无限遐想与探索热情。

此外，讲座还承载着对既有理论的挑战与超越。讲师凭借深厚的学术功底与敏锐的学术直觉，敢于对传统观念提出质疑，勇于在既有知识体系中寻找新的突破口。他们通过讲座的形式，分享自己颠覆性的研究成果，推动学科理论体系的不断创新与完善。

（三）讲座形式的开放性

讲座以其开放的形式，打破了传统课堂教学的局限，为师生提供了一个跨越学科界限、汇聚多元思想的平台。无论是基础理论的深入探讨，还是前沿科技的最新动态，亦或是人文社科的广泛议题，讲座都能以最直接、最生动的方式呈现，极大地丰富了师生的知识结构和视野。

开放性还体现在讲座过程中的互动交流上。大学生不仅可以聆听主讲人的精彩演讲，还能通过提问、讨论等形式积极参与其中，形成思想的碰撞与交融，这种双向乃至多向的交流模式，促进了学术思想的自由流动，激发了师生的创新思维和批判性思考能力。

随着信息技术的进步，许多讲座内容得以通过线上平台广泛传播，使得无法亲临现场的师生也能享受到高质量的学术资源。这种跨越时空限制的资源共享，进一步增强了讲座的开放性和影响力，促进了学术知识的普及与深化。

（四）讲座参与群体的特殊性

高校讲座往往能够吸引到众多学术领域的专家学者前来主讲，他们不仅是各自领域的佼佼者，更是推动学科发展的中坚力量。与此同时，讲座的大学生也多为对学术有浓厚兴趣、具备较高专业素养的师生群体。这种高度集中的学术精英汇聚一堂，不仅提升了讲座的学术水平，也为大学生提供了与同行交流、学习的宝贵机会。

高校师生来自五湖四海，拥有不同的学术背景、文化传统和思维方式。讲座作为一个公共交流平台，促进了这些多元背景的融合与交流。在讲座中，师生们可以就共同关心的议题展开讨论，分享各自的观点和经验，从而在相互理解和尊重的基础上，增进彼此之间的友谊与合作。

高校师生正处于知识积累、思想形成的关键时期，讲座中的每一次启迪、每一次碰撞都可能对他们产生深远的影响。这些影响不仅体现在学术能力的提升上，更可能塑造他们的世界观、人生观和价值观，为他们的未来发展奠定坚实的基础。因此，讲座参与群体的特殊性也决定了其影响的长远性和深远性。

二、学术讲座对大学生人文精神的影响

（一）增进知识积累，拓宽视野

学术讲座作为高等教育中传播和推广知识的重要途径之一，其核心目标在于增进学生的知识积累、完善其知识结构，并有效拓宽其思维视野。通过学术讲座，学生不仅能够接触到最新的学术成果和研究动态，还能够领略到不同学科领域的独特魅力，从而深化对人文精神的理解。

在我国的高等教育体系中，大学生获取其他学科或专业领域知识的主要途径除了自学外，参加学术报告和讲座则成为一种重要的选择。尽管现有课程设置为学生提供了基础知识和专业技能的学习，但在此基础上，丰富的学术讲座显得尤为必要，这不仅有助于学生调整和完善自身的知识结构，还能为他们提供更为广阔的视野。通过参与这些讲座，学生能够获得不同学科的交叉知识，从而更好地理解和应对复杂的社会问题。

　　高校的人文精神强调知识的统一性与整合性，因此，在高等教育中所传授的知识必须超越学科的界限，体现出人文学科与自然科学之间的相互渗透与融合。学术讲座作为传播这一人文精神的重要途径，满足了对文科知识感兴趣的理科生的需求，同时也激励了具备理科背景的文科生对自然科学的探索和学习。在当今知识迅速膨胀的时代背景下，大学生更为迫切地需要通过学术讲座这一平台，丰富自身的知识内容、拓展知识层面。

　　学术讲座通过引入不同领域的专业知识，为来自不同学科背景的学生提供了一个良好的学习与互动的平台。学生不仅能够聆听到来自各个学科的专家学者的见解，还能够在讨论和交流中碰撞出思想的火花，促进多元化的思维方式和问题解决能力的形成。例如，理工科学生在聆听人文学科专家的讲座时，能够从中获取对人文社会问题的深入理解；而文科学生在了解科学前沿的研究时，亦能增强对科学思维的认知。

　　学术讲座不仅是知识的传播者，更是思想的引领者。通过与学者的互动，学生们可以深入探讨专业领域的前沿问题，从而激发其独立思考能力与批判性思维。这种批判性思维正是人文精神的重要体现，它促使学生在接受知识的同时，能够保持对所学内容的质疑与反思。学术讲座为学生提供了一个锻炼这一能力的绝佳机会，使他们在交流中学会如何提出问题、进行辩论、形成自己的见解。

　　学术讲座在推动学生人文精神发展的过程中，还应注重多样性和包容性。不同文化背景、不同学科领域的讲座能够丰富学生的知识层次和文化视野，使他们在多元文化的碰撞中，形成更加全面和开放的世界观。这种文化的融合与碰撞，不仅加深了学生对自己专业的理解，也培养了他们对其他学科的兴趣和理解能力。

（二）培养独立精神与批判思维

　　学术讲座作为知识传播与思想碰撞的重要平台，对大学生人文精神的培养起着举足轻重的作用，尤其是在培养独立精神与塑造批判思维方面，其影响力尤为深远。人文精神，作为精神文化的高级形态，深深植根于人文社会科学之中，尤其在哲学与艺术的殿堂里绽放异彩，它不仅是对人生价值的深刻体悟，更是对生存意义的不懈探索。通过丰富个体的内心世界，人文精神旨在促进个人个性的成熟与自我价值的实现，成为推动社会进步与文明发展的重要力量。

在大学生这一关键的人生阶段，良好的人格塑造对于个体的全面发展至关重要。人格的独立性与相互尊重，不仅是个人健康成长不可或缺的基石，也是社会和谐与进步的重要保障。人文精神的核心价值之一，便是倡导并维护个体的独立性与批判性思维，这两者相辅相成，共同构成了现代公民素养的重要组成部分。独立精神意味着个体能够自主思考、自主选择，不盲目从众，而批判性思维则要求个体在面对信息时能够理性分析、审慎判断，不轻易接受未经证实的观点。

高校作为知识创新与人才培养的摇篮，其教育活动的核心应始终围绕学生的主体性展开，致力于培养具有独立自由精神的新时代大学生。人文精神的教育实践，本质上是一个激发学生自主学习、鼓励创造性思考的过程。在这一过程中，学生不仅学习知识，更重要的是学会如何学习，如何在复杂多变的信息海洋中筛选、整合、创新，形成自己的见解与判断。

学术讲座以其独特的开放性特征，为大学生提供了一个自由表达、思想碰撞的舞台。在这里，"鼓励发声"与"允许发声"不仅是讲座的基本原则，更是营造包容、开放学术氛围的关键。通过参与讲座，大学生能够接触到最前沿的学术研究成果，聆听领域内专家的独到见解，更重要的是，他们有机会在这一过程中独立思考、提出问题，甚至对讲座嘉宾的观点进行质疑与批判。这种互动不仅促进了知识的交流与传播，更重要的是激发了学生的批判性思维，培养了他们在面对权威时勇于质疑、敢于挑战的勇气与能力。

学术讲座通过提供一个相对宽松、自由的讨论环境，使得大学生能够在实践中学习如何以理性的态度审视问题，如何在尊重他人的同时坚持自己的观点。这种经历对于大学生而言，是成长道路上宝贵的财富，它不仅有助于

147

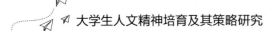

他们形成更加成熟、全面的世界观与价值观，更为他们未来在职业生涯和社会生活中展现出独立思考、勇于创新的精神奠定了坚实的基础。

（三）探讨学术前沿，融入社会因素

学术讲座作为高校知识传播与创新的重要载体，对大学生人文精神的培养与深化具有不可忽视的影响。其中，探讨学术前沿与融入社会因素两大方面，尤为凸显了学术讲座在促进大学生全面发展中的独特价值。高校肩负着探索未知、创造新知的历史使命，以期通过知识的力量造福社会。在此背景下，学术讲座以其独特的魅力与功能，成为连接学术前沿与社会现实的桥梁，对大学生人文精神的培养产生了深远的影响。

首先，探讨学术前沿是学术讲座的核心功能之一。在知识爆炸的时代，学科领域的边界不断拓展，新兴理论与技术层出不穷，大学生要想在所学领域取得突破，就必须具备对学术前沿动态的敏锐洞察力。高校邀请的学者，往往是本学科领域的领军人物或新锐研究者，他们的讲座内容往往聚焦于学科最前沿的信息或最新的研究成果，这对于渴望探索未知、追求真理的大学生而言，无疑是一扇通向广阔知识世界的窗口。通过参加这些讲座，大学生不仅能够及时了解学科发展的最新趋势，还能够从中汲取灵感，调整自己的研究思路和方向，为未来的学术探索奠定坚实的基础。同时，教师也能通过讲座获取前沿知识，进而更新教学内容和教学方法，使教学更加贴近学科发展的实际，更好地服务于学生的成长需求。

其次，融入社会因素，是学术讲座区别于传统课堂教学的又一显著特征。高校不是象牙塔，而是与社会紧密相连的知识高地。学术讲座通过邀请知名专家学者就社会关注的热点问题，以及与我们日常生活息息相关的社会因素进行深入剖析，使在校大学生即便身处校园，也能洞悉天下大事，了解社会发展的脉搏。这种将学术研究与社会实践紧密结合的方式，不仅拓宽了学生的视野，增强了他们的社会责任感，还激发了他们运用所学知识解决社会问题的热情与能力。学生通过讲座获取的信息，可以转化为实践的动力，通过

社会实践、志愿服务等方式，将理论知识转化为解决实际问题的能力，形成了一种知识与行动、理论与实践的良性互动。这种互动不仅丰富了学生的校园文化生活，还促进了学校与社会的深度融合，为培养具有社会责任感、创新精神和实践能力的高素质人才提供了有力支撑。

此外，学术讲座的举办，还促进了校园文化的多元化发展。不同学科、不同领域的专家学者齐聚一堂，他们的讲座不仅传递了专业知识，更带来了不同的思想观点和文化视角，为校园文化注入了新的活力与内涵。学生在参与讲座的过程中，不仅能够接触到多样化的学术思想，还能够感受到不同文化背景下的思维碰撞与交融，这对于培养他们的跨文化交流能力、拓宽国际视野具有积极作用。同时，讲座的举办也为学生提供了一个展示自我、交流思想的平台，促进了学生之间的思想交流与情感沟通，增强了校园文化的凝聚力与向心力。

（四）丰富内心情感，培养人文精神

学术讲座作为知识传播与思想碰撞的重要平台，对大学生人文精神的培养起着不可估量的作用。人文精神是对真善美的永恒追求，是社会发展与人类进步的精神灯塔，它不仅是对过往智慧的总结，更是对现实世界的深刻反思与未来愿景的积极构想。在大学生这一关键的人生阶段，通过学术讲座这一独特形式，可以极大地丰富他们的内心情感，进而促进人文精神的培育与升华。

人文精神的核心在于其对人类终极关怀的诉求，超越了物质层面的追求，触及人类存在的本质意义，这种精神追求体现在对现实世界的批判性反思上，鼓励人们不断审视社会现象，勇于揭露不公，同时也要求个体承担起改善现状、推动社会进步的责任。人文精神还是一种关于人生价值和意义的深刻思考，它引导人们探索生命的意义，追求心灵的富足与自由。因此，人文精神的培育需要一种对生命本身的敬畏之心，以及对个体内心情感的深切关怀。

学术讲座正是这样一种能够触及灵魂深处的教育方式。在校园内定期举办的各类讲座中，大学生有机会近距离接触到学术界的领军人物，聆听他们的真知灼见，感受他们的学术风范与人格魅力，这些讲座不仅仅是知识的传递，更是思想的启迪与情感的共鸣。大学生在聆听讲座的过程中，不仅能够获取到最新的学术研究成果，更重要的是，他们能够通过学者的言传身教，感受到学术探索的艰辛与乐趣，体会到成功背后的坚持与努力。

学术讲座为大学生提供了一个反思自我、审视人生的契机。在讲座的启发下，大学生开始思考自己的人生目标、价值观念以及未来的发展方向。他们学会了从更广阔的视角去审视自己的学习与生活，不再局限于眼前的得失，而是将目光投向更加遥远的未来。这种思考不仅有助于他们树立正确的世界观、人生观和价值观，更能够激发他们内心的热情与动力，促使他们在未来的道路上勇往直前。

学术讲座能够促进大学生内心情感的丰富与深化。在讲座的互动环节中，大学生有机会与学者进行面对面的交流，分享自己的见解与困惑。这种交流不仅增进了彼此之间的了解与信任，更让大学生感受到了来自师长的关怀与鼓励，这种情感的滋养对于大学生人文精神的培育至关重要，它能够帮助他们建立起更加坚韧、更加宽广的心灵世界，使他们在面对生活的挑战时能够更加从容不迫、坚定自信。

三、学术讲座塑造大学生人文精神的完善策略

（一）尊重学者自由，坚持开放包容

在学术讲座的策划与组织过程中，尊重学者的学术自由与表达权是至关重要的原则。作为知识的传递者和思想的引领者，学者在学术讲座中所分享的见解往往不仅仅局限于具体学科的知识，更涉及人类社会、文化、历史等多个层面的深刻思考。这些见解与思想能够激发大学生的思维碰撞，引导大学生从不同的角度重新审视问题，培养其批判性思维与独立判断能力。因此，

讲座的组织者在策划过程中，应当为学者提供一个自由表达的空间，允许他们畅所欲言，分享不同的学术观点与思想，尽可能避免对他们言论的限制。即使学者所表达的某些观点具有一定的争议性，讲座的主办方也应当秉持包容与开放的态度，确保多元化的思想得到充分展现。

此外，在尊重学者自由表达的同时，大学生的多元观点也应得到充分的重视。大学生作为受众，既是知识的接受者，也是思想的参与者和批判者。在学术讲座中，他们有机会与不同领域的专家学者进行面对面的思想交流与对话，这种互动不仅能够拓宽他们的视野，还能够激发他们对人文精神的深入思考。通过鼓励大学生参与讨论、提出问题、表达意见，学术讲座不仅可以成为知识传递的平台，更可以成为思想碰撞的舞台。在不同思想之间的相互交流与碰撞中，学生们能够更深入地理解人文精神的丰富内涵，从而培养他们对于人类文化与社会现象的深刻洞察力与批判意识。这种思想的自由交融与开放的讨论氛围，有助于推动大学生形成更加全面的人文精神，增强他们对多元文化的理解与包容能力。

（二）发挥网络平台优势，实现资源共享

在当今信息技术迅猛发展的时代，网络平台已成为学术传播和知识共享的重要渠道。学术讲座作为培养大学生人文精神的有效手段，应该充分利用这一技术优势，拓展其传播的广度与深度。通过线上直播、视频回放、网络互动等形式，学术讲座可以突破传统的时间与空间限制，将优质的讲座资源扩展至更多样化的受众群体。这样不仅有助于提升学术资源的利用效率，还为无法亲临现场的大学生提供了参与高水平学术活动的机会。

网络平台能够有效地打破地域和时间的限制，使得学术讲座的影响力得以延展到更广泛的区域和人群。无论是偏远地区的大学生，还是因时间冲突而无法参与现场活动的学者和学生，均可通过网络平台观看学术讲座的实时直播或视频回放，及时获取最新的学术动态与思想成果。这种线上共享模式不仅实现了知识的广泛传播，还使得学术讨论的门槛进一步降低，为更多的

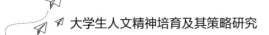

大学生提供了平等参与的机会。通过网络平台，大学生能够接触到来自世界各地的学者的观点，丰富其学术视野，拓宽思维广度，进而加深对人文精神的理解与认知。

利用网络平台进行讲座传播，能够促进学术资源的共享与交流，形成多层次的学术互动与探讨。线上平台不仅是知识传递的工具，更是互动交流的空间。通过在线讨论、实时问答以及学术论坛，大学生可以直接与讲座专家进行交流，提出问题并获得即时反馈，这种互动模式能够增强学术讨论的深度，促进大学生与讲座内容的深度融合。借助于网络的优势，不同学科、不同地区的学者和学生也能够借此平台进行跨学科、跨文化的学术对话，推动思想的多元碰撞与创新。在这样的多向交流中，大学生能够更为深刻地理解人文精神的复杂性与多样性，提升其对于文化与社会现象的敏感度与批判性思维能力。

此外，网络平台的长期保存功能也为学术讲座资源的二次利用提供了可能。通过将讲座内容录制并存档，学术资源可以长期供学生查阅和学习，从而进一步深化其对讲座内容的理解。这种延时观看的方式不仅使学生能够在闲暇时间进行深入复习与思考，还为日后的学术研究与讨论提供了丰富的素材资源。学术讲座的资源共享，不仅限于学术内容的传递，更是思想和价值的延续，在这一过程中，大学生的人文精神将得以更加全面和深入地塑造。

（三）强化互动环节，促进深度交流

学术讲座不仅是知识的单向传递，更应成为思想交流和观念碰撞的平台。在这个过程中，强化互动环节至关重要。通过设计有效的互动机制，讲座能够转变为一个双向甚至多向的沟通渠道，使大学生在参与过程中不仅仅是被动的接受者，还能成为主动的讨论者与贡献者。这样的互动不仅可以增进对讲座内容的理解，还能够激发大学生的批判性思维与创新能力，最终在思想的交流与碰撞中，深化其对人文精神的理解与感悟。

第一，提问环节是互动交流的基础。讲师可以在每场讲座中预留充足的

提问时间，鼓励大学生积极提出问题。这种直接的对话方式，不仅可以帮助大学生及时澄清讲座内容中的疑点，还能通过问题的发问与解答，促使大学生深入思考学者的论点，进而启发他们从不同的角度进行批判性分析。提问环节还能够为学者提供了解大学生需求与兴趣的机会，使其在讲座中进一步针对大学生的关注点展开更深入的讨论，从而增强讲座的针对性与实效性。

第二，小组讨论是促进深度交流的另一有效方式。讲师可以在学术讲座结束后，安排大学生分组讨论特定的议题。这种讨论形式有助于大学生在同侪间互相启发与交流，通过分享彼此的看法，进一步拓宽其对讲座主题的理解。小组讨论不仅能够提升参与者的表达与沟通能力，还能通过集体的智慧碰撞激发新的思想火花。通过这种互动，大学生不仅能够加深对人文精神的理解，还能培养团队协作与集体思考的能力，从而促进全面的个人成长与发展。

第三，在线投票和即时反馈等互动形式也能够为讲座带来更多的动态性与参与感。例如，讲师可以通过在线投票的形式，收集大学生对某一话题的看法，并将投票结果作为后续讨论的依据。这种技术手段不仅能够调动大学生的参与积极性，还能及时获取大学生对讲座内容的反馈，使学者能够根据大学生的兴趣点灵活调整讲座节奏与重点。通过在线互动平台，大学生可以在不受时间和空间限制的情况下，随时参与讨论、发表意见，进一步增强学术交流的广泛性与深度。

第四，强化互动环节的最终目的，是通过促进学术讲座中的深度交流，提升大学生的参与感与认同感。在这种互动中，大学生不仅能够更好地理解学术讲座的内容，还能在思想的交互中培养其批判性思维与创新能力。在与学者和其他大学生的交流与讨论中，大学生对人文精神的理解将得到更全面的拓展，其对于社会、文化和人类发展问题的思考也会更加深入与成熟。

（四）建立反馈机制，持续优化讲座质量

为了确保学术讲座能够持续、有效地塑造大学生的人文精神，建立反馈

机制显得尤为重要。反馈机制不仅为讲座的改进提供了坚实的依据，同时也能有效增强学生的参与感和归属感，使其在学术交流中感受到自己的声音被重视与尊重。讲座组织者应定期收集听众的反馈意见，涵盖多个维度，包括讲座内容的吸引力、学者的表达能力、互动环节的参与度等。这种系统化的反馈收集方式可以采取问卷调查、面对面访谈或在线讨论等多种形式，确保获取多样化的意见与建议，以便更全面地了解听众的需求与期望。

基于这些反馈，讲师能够及时调整讲座的策划与组织形式，从而优化讲座内容，提升整体讲座质量。例如，如果反馈显示某一讲座主题未能引起学生的兴趣，讲师应考虑引入更具时代性和相关性的主题，以更好地吸引学生的注意。此外，学者的表达方式和互动环节的设计也可以通过反馈不断改进，以增强听众的参与度和互动体验，促进知识的有效传递与交流。

与此同时，借鉴其他高校或机构的成功经验也是优化讲座质量的重要途径。讲师可以主动与其他高校的学术讲座团队进行交流与合作，学习其创新的讲座形式与主题设置。这种跨校合作不仅能丰富讲座内容，还能为大学生提供更为广泛的视野与思维碰撞，满足其日益增长的精神文化需求。例如，某些高校成功引入的多媒体展示、现场讨论和专家问答环节等，均可作为参考，帮助提升讲座的互动性与趣味性。

通过建立全面的反馈机制，高校可以在学术讲座的组织和实施过程中，形成一个持续改进的良性循环。这不仅有助于不断提升讲座的质量与效果，更能够深化大学生的人文精神培养，使他们在不断变化的学术环境中，能够保持开放的心态和积极的探索精神，促进其综合素质的提升与全面发展。最终，学术讲座不仅是知识的传递，更应成为启迪思维、激发创造力的重要平台，为培养具有深厚人文精神的新时代大学生奠定坚实基础。

（五）融合跨学科视角，拓宽人文视野

在学术讲座的策划过程中，注重跨学科视角的融合显得尤为重要。人文精神的培育不应局限某一特定学科领域，而应通过跨学科的知识碰撞与融

合，进而拓宽大学生的视野，促进他们对复杂社会现象与人生问题的多维度思考。这一过程不仅能够深化学生对人文知识的理解，还能帮助他们在不同的学科背景下形成综合的思考能力。

例如，可以邀请来自文学、哲学、历史、艺术和社会学等多个学科的学者进行讲座。通过这些学者的专业视角与独特见解，大学生能够获得一个更加丰富多彩的人文世界。这样的跨学科讲座形式，能够有效激发学生的好奇心与求知欲，使他们在聆听多样化观点的过程中，产生更为广泛的思考与反思。同时，这种跨学科的交流与碰撞，有助于培养学生的综合素养与创新能力，使他们在面对复杂的社会问题时，能够从多个维度进行分析与解决。

此外，通过跨学科的整合，大学生可以更好地理解不同学科间的相互关系，从而提升其批判性思维能力和创造力。例如，文学作品可以通过哲学的视角进行解读，历史事件可以与社会学理论相结合，这种多元化的视角使学生在分析问题时，能够游刃有余，形成独到的见解与判断。这不仅为他们的学术研究提供了丰富的素材，也为他们未来的人生道路奠定了坚实的基础。

（六）注重实践环节，强化人文关怀

人文精神的培养不仅需要在理论层面进行深入探讨，更需在实践中得以体现与升华。因此，学术讲座可以有效结合社会实践项目、志愿服务活动等，为大学生提供将理论知识转化为实际行动的机会，从而增强他们的人文关怀意识与社会责任感。例如，可以组织专题讲座，深入探讨如何在社会实践中践行人文精神，或者邀请在公益领域具有突出贡献的嘉宾分享他们的经验与感悟。这种结合理论与实践的方式，有助于学生在真实情境中反思和应用所学知识，促进其对人文精神的深刻理解与内化。

在实践环节中，大学生可以参与各种志愿服务活动，如社区服务、环保项目和文化传承等。这些活动不仅让他们直接面对社会现实，还能够激励他们关注社会问题，并探索如何通过实际行动来改善周围环境。这种亲身参与的经历，使学生在奉献中体会到人文关怀的真正意义，从而强化他们的社会

责任感和使命感。此外，通过与不同社会群体的接触，学生们能够拓宽视野，培养更为广泛的人际理解与同情心，进一步增强其人文素养。

同时，学术讲座也可以通过设立实践课程，与实际的社会需求相结合，鼓励学生在团队合作中积极探索创新的解决方案。比如，针对某一社会问题，组织跨学科团队，开展调研与实践项目，促进学生在理论与实践之间形成良性的互动关系。这样的项目不仅能够加深学生对人文精神的理解和认同，还能使他们在实际操作中锻炼自己的分析能力与解决问题的能力。

第二节 通识教育在大学生人文精神培育中的关键作用

通识教育是一种教育理念，该理念通过设计通识课程作为载体和媒介，采用相应的教学方法，旨在将学生培养成全面发展的人。通识课程是依据通识教育的目的与目标而精心设计的课业及其进程的总称，它们承载着通识教育的核心理念，通过教学活动传达给学生，以促进学生成长为符合通识教育观的完整个体[①]。简而言之，通识教育的理念通过通识课程得以实施，旨在实现学生的全面发展。

一、通识教育的内容与特点

（一）通识教育的内容

通识教育作为高等教育体系中的核心组成部分，其内容的构建与实施始终围绕着培养全面发展的社会人这一终极目标。这一教育理念的提出，源于对传统专业教育模式下学科知识过度细分导致学生知识视野狭窄、跨学科整

---

① 常潇璐. 高校通识教育中的人文课程设计研究 [D]. 咸阳: 西北农林科技大学, 2012: 13.

合能力不足等问题的深刻反思。通识教育旨在通过构建一套全面而均衡的知识体系，引导学生广泛涉猎人文、社会、科学等多个领域，不仅掌握专业知识，更具备跨学科的视野与整合能力，从而在快速变化的社会中保持持久的竞争力与创新能力。

在高度专业化的学术体系中，学科知识被不断细分，学生在深入学习某一专业领域的同时，往往难以触及到其他学科的基础知识，这限制了他们的知识广度与思维深度。通识教育正是针对这一现状提出的，其目的在于打破学科壁垒，通过提供跨学科的学习机会，使学生能够在广泛涉猎的基础上，形成对知识体系全面而深刻的理解。这种教育模式的核心在于培养学生的批判性思维、创新能力和问题解决能力，使他们能够灵活运用所学知识，应对复杂多变的社会挑战。

通识教育的内容通常涵盖人文知识、社会常识与科学素质三大板块，旨在通过历史、文化、道德修养、自然科学与社会科学等多维度课程，为学生提供全面的知识滋养。

第一，人文知识，人文知识聚焦于人类文化的传承与发展，包括文学、艺术、哲学等，旨在培养学生的审美情趣、人文素养和批判性思维能力。通过学习经典文学作品、探讨哲学思想，学生能够更好地理解人类文明的多样性与复杂性，形成独立的价值判断。

第二，社会常识。社会常识部分涉及社会学、政治学、经济学等领域，旨在帮助学生理解社会运行的规律，掌握基本的社会分析方法。通过案例分析、小组讨论等形式，学生能够增强对社会现象的观察与理解，培养公民意识和社会责任感。

第三，科学素质。科学素质板块则侧重于自然科学的基本原理与实验技能，包括数学、物理、化学、生物学等。这一板块旨在培养学生的逻辑思维、实验能力和科学精神，使他们能够用科学的方法分析问题、解决问题，并具备基本的科学素养。

通识教育内容的设置并非绝对均衡，往往会根据学校的办学特色、社会需求及学生的个人兴趣等因素有所倾向。通过灵活调整课程结构，通识教育能够在保证知识广度的基础上，强化学生的专业深度，培养出既具备跨学科视野又精通某一领域的复合型人才。

例如，一些高校可能更加重视人文社科类通识课程的开设，以培养学生的文化素养和批判性思维；另一些学校则可能加大对自然科学课程的投入，以提升学生的科学素养和创新能力。无论哪种倾向，都旨在通过通识教育这一平台，促进学生全面而均衡地发展，使他们能够在未来的职业生涯中，既能够深入专业领域，又能够跨越学科界限，成为真正的通才。

（二）通识教育的特点

通识教育作为教育领域内的一种革新理念与实践模式，其深远意义不仅在于对传统专业教育框架的超越，更在于它以一种更为宽广且深邃的视野，重新审视并定义了教育的本质与终极追求。通识教育所展现的独特魅力与核心价值，可细致剖析为以下维度。

第一，通识教育的非专业性本质。非专业性从根本上区别于传统专业教育，它并不局限于某一狭窄的专业领域或学科范畴内的知识传授。相反，通识教育致力于构建一个广泛而均衡的知识体系，旨在使学生在掌握基本专业技能的同时，能够拥有跨越多个学科边界的知识背景和思维能力。这种教育模式强调知识的普遍性与通用性，鼓励学生跳出专业局限，以更加开阔的视野审视世界，从而培养出既具备专业素养又拥有广泛知识面的复合型人才。

第二，通识教育的基础性强调。通识教育不仅关注学生对具体学科知识的掌握程度，更重视学生对基础知识、基本原理和基本技能的理解与运用。这种基础性教育不仅为学生后续的专业学习和终身学习奠定了坚实的基础，更在深层次上促进了学生思维能力、创新能力和实践能力的全面发展。通识教育通过强化基础知识的教育，旨在培养学生的逻辑思维、批判性思维和问题解决能力，为他们未来的学术研究和职业生涯提供强有力的支撑。

第三，通识教育的综合性特质。通识教育倡导知识的整合与融合，鼓励学生跨越学科界限，将不同领域的知识进行交叉与渗透，以形成更加全面而深入的理解。这种综合性不仅体现在课程设计的多元化与交叉性上，更贯穿于教学方法和评价体系之中。通识教育通过引导学生对知识进行跨学科的整合与运用，旨在培养他们的跨学科视野和综合能力，使他们能够在复杂多变的社会环境中灵活应对各种挑战。

第四，通识教育的多元性特征。通识教育充分尊重个体差异和多样性，鼓励学生根据自己的兴趣、特长和需求进行个性化学习。通识教育不仅提供丰富多样的课程选择，以满足不同学生的个性化需求，还注重培养学生的跨文化交流能力和国际视野。在全球化日益加深的今天，通识教育通过强化学生的跨文化沟通能力，使他们能够更好地适应多元文化的社会环境，成为具有国际竞争力的复合型人才。同时，通识教育还鼓励学生积极参与社会实践和志愿服务等活动，以培养他们的社会责任感和公民意识，为构建和谐社会贡献力量。

二、通识教育对大学生人文精神培养的意义

通识教育是高校培养优秀学生的重要方式，这种方式不仅是对学生知识结构重新排列整合的过程，也是对大学生心理和精神层面的塑造与再塑造的过程，是促进人的全面发展的重要手段。通识教育对大学生心理和精神层面的关注与人文精神的培养有着交汇点，其交汇点就是通识教育对人文精神的构建的体现。

（一）通识教育有利于培养大学生的人文关怀精神

通识教育在现代高等教育体系中扮演着至关重要的角色，尤其是在培养大学生的人文关怀精神方面。人文关怀的核心在于关注人性，以人的价值为中心。这种关怀不仅是对个体自由发展的追求，更是推动社会进步的重要动力。通识教育通过提供广泛的知识基础和跨学科的视野，使学生能够更好地理解和关注社会中的人性问题，培养他们的同情心与社会责任感。

第一，通识教育强调以人的自由发展为目的，倡导尊重个人潜能的释放。通过多样化的课程设置，学生能够接触到不同学科的思想和文化，这不仅丰富了他们的知识储备，也激发了他们对人类价值和社会责任的深刻理解。在这个过程中，学生的兴趣和爱好被尊重并作为教育的驱动力，这种以学生为中心的教学模式有助于培养他们独立思考和自主学习的能力，进而促进他们在思想道德层面的成长。

第二，通识教育通过关注学生的主体地位，承认他们在学习过程中的主动性。这种方法使学生在学习中感受到被尊重和认可，从而增强他们对自身内心世界的探索与理解。通识教育不仅强调专业技能的学习，还帮助学生在学科的内涵和外延上进行深入了解。这种综合性的学习体验使学生能够在面对复杂社会问题时，具备更为全面和开放的思维模式。

第三，大学生在成长过程中常常会出现对社会现象的认知偏差，这些偏差往往会影响他们的行为和思维方式，导致其思想道德与社会价值观的背离。通识教育通过提供多样的文化背景和优秀的思想资源，为学生构建符合社会发展趋势的思维架构。这一架构不仅帮助学生纠正错误的思维倾向，还引导他们形成更具社会责任感和人文关怀精神的价值观。

第四，通过通识教育的培养，学生逐渐形成了独特的思维方式和内心世界。这种以人文关怀为核心的教育理念，不仅塑造了学生的个体特征，也使他们在面对未来的社会挑战时，能够以更为开放和包容的态度参与社会建设。

综上所述，通识教育在促进大学生人文关怀精神的培养方面发挥着不可替代的作用，帮助他们成为具备时代特色、关注人类价值和社会责任的现代公民。

（二）通识教育有利于培养大学生的社会责任感

通识教育在现代高等教育中起着不可或缺的作用，尤其是在培养大学生的社会责任感方面。

第一，个体并不是孤立的存在，而是与他人及社会通过多种形式产生联系。无论是亲情、友情，还是工作关系，人与人之间的互动使得社会成为一个不可分割的整体。这种联系不仅让个体意识到自己的存在与他人的关系，也促使他们理解自己在社会中的责任。通识教育正是通过这样的社会视角，引导学生认识到人与人之间的相互依赖，从而培养出对他人和社会的感恩之情。这种感恩意识是责任感的基础，只有懂得感恩，才能在日常生活中主动承担对国家、社会和他人发展的责任。

第二，通识教育的实施质量直接影响学生的社会责任感。教育体系应重视通识教育的作用，通过制度改革提升其在教育系统中的地位。通识教育不仅仅是知识的传授，更是一种全面培养社会责任感的手段。在道德领域，通识教育鼓励学生坚持真理，以社会公德为基准提出正确的主张和观点。这一过程使学生能够明确什么是人类生存所遵循的一般准则，并在面对违背这些道德准则的行为时，勇于坚持自己的立场，从而形成良好的道德品质。

第三，通识教育强调对正义原则的坚守。正义是人类社会发展的重要目标，它不仅是衡量社会和谐与否的标准，也是促进人与人关系融洽的重要依据。通识教育在提升学生知识储备的同时，更注重培养他们的知识运用能力，帮助他们能够用所学知识判断正义的方向，并在生活和学习中坚持正义。这种对正义的追求与社会责任感密切相关，通识教育的功能在于将正义思想融入学生的社会责任感之中，使其在面对不公正现象时能够做出积极的回应。

第四，社会责任感并不是仅在危机时刻才能体现的情感，它应深入到个体的日常生活之中。通识教育鼓励学生将社会责任感与行为方式和内容相融合，促使他们在日常生活中自觉践行社会责任。通过将使命感和奉献精神贯穿于日常行为，学生能够在生活的每一个细节中体现出对社会的关怀与责任。这种日常的践行不仅能够提升个体的道德素养，也将对社会整体的发展产生积极影响。

（三）通识教育有利于培养大学生的意志力

通识教育在现代高等教育中发挥着重要作用，尤其在培养大学生的意志

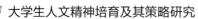

力方面具有显著的积极影响。意志力的内涵是个体主动地确定目标、安排相关活动并克服困难以实现预期目标的心理素养。要有效地培养大学生的意志力,首先需要具备两个基本条件:自觉的目的性和克服困难的心理预期。通识教育通过培养学生的目的意识和应对挑战的能力,显著提升他们的意志力。

通识教育课程的设计旨在帮助学生全面认识行为的目的及其社会意义。通过对社会发展历程的系统了解,学生能够正确理解事物的发展,从而做出明确的判断并付诸实践。这种对目的和意义的深刻认识不仅促进学生在学习和生活中设定合理的目标,也帮助他们在面对挫折时,保持清晰的方向感。此外,具备人文精神的通识教育课程强调独立完善的人格培养,鼓励学生在生活和工作中以充沛的精力和顽强的毅力去克服各种困难,从而实现自我价值。

通识教育课程有助于学生自觉、灵活地控制自身的行动。它促使学生根据自己的意志力调节思想,增强自我管理能力。在这个过程中,学生在判断事物和识别方向的能力上得到了显著提升。通识教育的全面引导作用,不仅限于知识的传授,更关注能力的培养。在一些高校中,通识教育课程特别重视团队能力、分析能力和解决问题能力的提升。这些能力的培养使大学生在极端条件下,面对逆境或孤立无援的情境时,能够自主解决问题,展现出强大的意志力。

总之,通识教育通过提升大学生的目的意识、培养独立人格、增强自我管理能力,以及提高解决问题的能力,全面促进了他们意志力的培养。通识教育不仅为学生提供了知识的广度,更为他们的心理素养和意志品质的发展打下了坚实的基础。这样的培养模式,使得大学生在未来的学习和工作中,能够以更加坚定的意志面对挑战,实现自我目标,最终成为具备社会责任感和创新能力的高素质人才。

三、通识教育培养大学生人文精神的途径

将通识教育作为手段来提升大学生人文精神是一项系统工程,应从教育

目标的设立、教育理念的明确、唤醒学生主体意识等方面加速教育思想和学习态度的转变。在通识教育课程的科目设置、教学手段和教师整体素质的提升等各个方面，高校应加强对人文精神理念的贯彻，尊重人文精神养成的客观特点和规律，架设起有效而全面的高校通识教育培养体系，以达到在意识形态、逻辑思维、道德品质等方面人文精神的全面提升。

（一）确立培养人文精神为目标的通识教育理念

1. 确立通识教育目标

确立通识教育目标是推动我国高等教育改革的重要一步。高校应明确以学生的全面发展为核心教育目标，强调通识教育在培养学生素质与能力方面的重要性。通识教育不仅是学生专业学习的补充，更是培养其批判性思维、创新能力和社会责任感的基石。通过通识教育，学生能够拓宽知识视野，增强跨学科的理解力，从而更好地应对复杂的社会问题。

教育的本质在于关注学生自身的条件与潜力。高校教育应该从学生的个体出发，充分调动其内在的积极因素，为学生的全面发展提供必要的智力支持和环境保障。通识教育通过提供广泛的知识体系，帮助学生在不同学科间建立联系，促进其综合素质的提升。这种全面发展的培养模式，能够有效地增强学生的社会适应能力，使他们能够在未来的职业生涯中灵活应对各种挑战。

通识教育的培养模式需科学运转。高校应该设计合理的课程体系，确保通识教育能够真正落实到教学过程中。这包括课程内容的选择、教学方法的创新以及评估机制的完善，以确保学生在知识、技能和态度等方面都能获得均衡的发展。只有通过科学的培养模式，才能充分发挥通识教育的作用，使其成为学生成长的重要推手。

通识教育的性质表明它是高等教育的组成部分，是所有大学生必须接受的非专业教育。这种教育形式强调的是知识的广泛性和应用性，旨在帮助学

生建立起对社会、文化和科学等多方面的基本理解。通识教育不仅关注学术知识的传授，更加注重培养学生的批判性思维和创新能力，使他们能够在不断变化的社会中找到自己的位置。

通识教育的目的在于培养积极参与社会生活、具备社会责任感和全面发展的公民。通过通识教育，学生不仅能学到知识和技能，更能培养起对社会的责任感和使命感。这样的教育目标，符合当今社会对人才的需求，有助于塑造出既具专业能力，又具备人文素养的复合型人才。

2. 唤醒学生的主体意识

唤醒学生主体意识是当代高等教育的重要目标之一，尤其是在通识教育的背景下。随着高等教育的不断发展，越来越多的高校意识到通识教育理念的重要性，并将其融入办学理念中。通识教育不仅是对知识的传授，更是通过课程培养学生的主体意识，促进其在文化和道德层次上全面认识自我、发掘自我、完善自我和实现自我。

（1）教师在培养大学生的主体意识时，应注重引导学生认识自我。在高等教育的初期，大学生正处于一个以成人身份和高水平理论素养来定位自我发展方向的关键阶段。在这个过程中，强调自我认识的重要性是至关重要的。学生应主动探索自身的基本情况、兴趣、特长和价值观，通过自我反思与自我研究，建立对自我的全面理解。这种以学生为主体的学习方式能够激发他们的学习兴趣，提升其自我意识，从而为个人发展奠定坚实的基础。

（2）在发掘自我的过程中，教师也应鼓励学生发挥主体意识。高校学习不仅是知识的积累，更是学生进行科学研究和发展自身潜能的重要平台。在这个过程中，学生是发掘自身潜力的主要承担者，外界对学生潜能的判断往往是不全面的。因此，学生应以积极的态度参与到潜力的发掘中。通过主动参与各类活动和探索新领域，学生能够更好地认识到自身的优点与不足，从而实现更为有效的成长。这种基于主体意识的自我发掘，能够促进学生全面而深入的成长。

（3）完善自我的过程同样需要充分的主体意识。大学生的主要任务是学习，而高校环境相对宽松，学生有大量时间来自主安排学习与生活。在这样的环境下，教师应引导学生教育自我，抵制不良价值观的影响，培养积极向上的生活态度和价值观念。学生作为主体，积极参与道德和人格的完善，不仅有助于提升自身的综合素质，也能促进整个校园的良性发展。通过自主学习和反思，学生能够不断修正自身的道德缺陷，强化人格的培养，从而在社会中成为更具责任感的个体。

（4）实现自我也是唤醒主体意识的重要方面。学生在认识自我、发掘自我和完善自我的过程中，其最终目标就是实现自我。实现自我不仅涉及物质的追求，更是个人精神的探索与成长。充分调动学生在实现自我过程中的积极性和主动性，能够使其在追求自我价值的道路上获得更多的成就感与满足感。在此过程中，教师应鼓励学生制定明确的目标，积极参与社会实践，促进其全面发展。

3. 实现通识教育中人文精神与科学精神相统一

实现通识教育中人文精神与科学精神相统一，是当代高等教育面临的重要挑战和任务。人文精神与科学精神作为人类精神世界的两个重要组成部分，彼此相辅相成，共同支撑着社会的和谐与科技的进步。人文精神为构建和谐社会提供了重要的道德基础和人文关怀，而科学精神则是推动社会科技发展的核心动力。为了培养出具有全面素质和创新能力的人才，高等教育必须重视这两种精神的辩证统一，明确它们在教育过程中的重要性和必要性。

在通识教育的框架下，教师应树立人文精神与科学精神高度统一的哲学观念。这种统一并不是简单的并列，而是要求在课程教学、创新活动、校园文化等多个层面上实现有机融合。为此，高校应设计课程内容时，既要涵盖人文学科的知识，又要重视自然科学和社会科学的教育，确保学生在全面了解人文精神的同时，掌握科学知识与方法。通过这种方式，通识教育不仅能够帮助学生建立起科学的世界观，还能在他们的道德情操和文化修养方面提

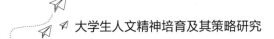

供必要的支持。

避免人文精神与科学精神的对立是实现其统一的关键。在实际教学中，偏向于单一的教育理念，例如，仅重视人文教育或仅关注科学教育，都是不合理的。教师必须正确理解通识教育的本质，认识到人文精神与科学精神是互为补充的，彼此之间存在着密切的联系。例如，历史上的许多科学巨匠不仅在科学研究上取得了杰出成就，同时也具备深厚的文化修养。这表明，文化底蕴与科学思维的结合能够激发更大的创新潜能。

在实现人文精神与科学精神统一的过程中，高校应探索有效的融通方式和共建渠道。这一探索不仅体现在课程的设置上，还应包括多种形式的实践活动，让学生在真实的社会环境中将两者结合起来。教师应鼓励学生在实践中运用所学的科学知识，同时反思其人文意义，使他们在参与社会活动时能够产生更深刻的理解和思考。此外，教育应坚持以马克思主义为指导，融合人文情怀与科学知识，推动人文精神与科学精神的协同创新发展。

最终，通过通识教育，学生的知识储备、道德情操、文化修养和创新能力等方面都将得到全面提升，这一提升过程，正是人文精神与科学精神共同发展的具体体现。通识教育不仅增强了学生对交叉学科和边缘学科的学习深度，还在道德情操方面培养了他们的社会责任感。在文化修养上，通过对经典的阅读和人文知识的积累，学生能够形成独特的思维方式，提升创新能力。由此可见，通识教育中的人文精神与科学精神的统一，不仅促进了学生的全面发展，也为他们未来在社会中创造价值提供了坚实的基础。

（二）科学设置通识教育课程

在对如何保证以人为本的科学事实充分理解的基础上，对课程合理的设置成为开展通识教育以促进人本精神提升的重要途径。通识教育课程的设置在教育过程中会呈现一些特性，这主要是由通识教育本身的特征决定的。

1. 增加人文精神通识教育课程比例

在当今高等教育体系中，增加具有人文精神的通识教育课程的比例显得尤为重要，这一举措不仅是培养学生人文素养的有效途径，更是构建全面发展人才的必然选择。明确通识教育课程的承担主体、设置课程的基本方式、实施课程教授的方式以及对课程教授的管理与监督，构成了构建学生人文精神架构的重要环节。通过这一系列的课程设置，能够为学生提供系统的人文教育，从而帮助他们形成健全的价值观和人文素养。

构建一个具有人文精神的课程体系，必须兼顾历史的继承性和现实的开拓性。这意味着，课程设置不仅应反映出某一时代和社会进步的明显特征，还应充分考虑到特定政治、经济和文化制度对教育的影响。例如，在不同时期，课程内容可能会受到不同社会运动和历史背景的影响，因此，形成当代社会人文精神的关键在于找到历史与现实之间的平衡点。这种平衡不仅体现在课程内容的多样性上，还应包括教学方法的多样化，以满足不同学生的学习需求。

此外，具有人文精神的通识教育课程应旨在促进学生的全面发展，帮助他们从学习前人人文素养的构建模式，逐渐转变为拥有个人特色的思维体系。在这个过程中，学生将不仅是被动的知识接受者，而是积极的思考者和创造者。这种转变使得他们能够在复杂的社会环境中形成自己的判断力和批判性思维能力，从而更好地应对未来的挑战。

然而，在增加具有人文精神的通识教育课程比例的同时，也必须注意防止出现对科学精神课程学习的偏离。增加人文精神课程并不意味着要将其置于科学精神之上，而是要实现两者的协调发展。人文精神与科学精神各自具有独特的价值和重要性，前者强调人性发展和对事物基本形态的尊重，而后者则以理性眼光认识和改造世界。因此，课程设置应力求多元化，以促进学生在不同领域的全面成长。

高校作为塑造学生价值观的重要场所，增加具有人文精神课程设置的直接影响在于为学生提供一种价值取向的发展方向。这样的课程体系不仅丰富了学生的知识结构，还能激励教师的成长潜能，为社会发展贡献力量。通过一系列具有人文精神特征的课程介入，学生不仅能够理解人文精神在个人成长中的重要性，更能够在学习过程中，学会尊重和理解他人，培养社会责任感。

2. 增强通识教育课程吸引力

在现代高等教育体系中，通识教育课程的设置不仅是知识传授的过程，更是对学生全面素质提升的重要途径。高等学校所开设的通识教育课程在实现对学生的正面引导与培养目标方面扮演着至关重要的角色。为了确保学生积极参与通识教育课程的学习，课程本身必须具备足够的吸引力，促使学生主动地投入其中。因此，提升学生的主动性和自觉性显得尤为重要。在此背景下，可以从以下三个主要方面增强通识教育课程的吸引力。

（1）打破绝对文科与绝对理科之间的独立性，强化多学科知识的融合是提升课程吸引力的关键。近年来，单一学科的知识体系往往难以满足学生对复杂现实问题的理解与分析需求。通过跨学科的整合，学生不仅能够获得更为全面和系统的知识体系，还能在不同学科之间建立起联系，从而增强其学习的趣味性和实际应用性。例如，在课程设置中可以引入案例分析，结合社会科学与自然科学的视角，探讨复杂的社会问题，如环境保护、社会公平等议题。这样不仅能够帮助学生理解理论知识如何在现实生活中发挥作用，也能激发其思维能力和创新意识。此外，借助项目式学习的方式，学生可以在团队合作中，运用多学科的知识解决实际问题，这种方法将大大增强课程的互动性和实践性。

（2）加大对民族文化和人类文明的教授力度也是提升课程吸引力的重要措施。在全球化日益加深的今天，学生需要具备宽广的文化视野和包容的心态。通过丰富课程内容，涵盖不同民族的文化传统、价值观念及历史背景，可以增强学生对自身文化认同感的同时，拓宽其国际视野。在此过程中，教师可通过多媒体教学、文化体验活动等多样化的教学手段，提升课程的生动性和互动性。例如，利用虚拟现实技术，学生可以沉浸在不同文化背景中，真实地感受他国的风俗与习惯。同时，组织学生参与文化交流活动，如国际文化节、学术研讨会等，使其在实际参与中深化对人类文明的理解，进而激发他们对学习的兴趣。

（3）在通识教育课程中加强社会实践课程与学科知识的衔接，能够有效提升课程的实用性和现实意义。单纯的理论学习难以让学生感受到知识的价值，通过将课堂学习与社会实践相结合，学生不仅能在实践中检验和应用所学知识，还能提升自身的社会责任感和实践能力。例如，课程中可以设计与社区服务、志愿活动或实习机会相结合的项目，让学生在真实情境中锻炼和提升自己的综合素养。在此过程中，教师可指导学生进行反思，鼓励他们总结实践经验，形成对所学知识的深刻理解与个人见解。此外，借助社会资源，学校可以与企业、社区等建立合作关系，为学生提供更多的实践机会，从而增强其社会适应能力和职业素养。

3. 采取现代化教学手段，提高通识课程教育效果

在当今快速变化的社会中，通识教育的重要性愈加凸显。为了提高通识课程的教育效果，教师应积极采用现代化的教学手段。这些手段不仅包括传统的教学方式，还涵盖了多样化的工具和方法，以满足学生的多样化需求和社会的发展要求。

教学手段是教师在教学过程中传递知识的工具。随着社会生产力的发展，教学手段变得日益多样化。从传统的口头讲授、书面材料到现代的电子设备和多媒体展示，这些新兴的教学方式为知识的传递提供了丰富的选择。例如，通过视频、动画和交互式软件，教师可以以更生动的方式呈现复杂的概念，使学生更容易理解和吸收知识。多样化的教学手段能够激发学生的兴趣，提高他们的学习积极性。

通识教育不仅是知识的传授，更在于培养学生的创新能力和批判性思维。因此，教学手段的发展与选择的最终目的是让教师能够更全面地传授技

能，教会学生"授渔"的方法。这种"授渔"的理念强调的是学生的主动学习，使他们在获取知识的同时，能够独立思考和创造。教师应通过现代化的教学手段，帮助学生建立系统的知识结构和灵活的思维方式。

与传统的专业教育相比，通识教育在教学方法上具有更强的灵活性，知识和技能的传授范围也更加广泛。传统的以口头讲授为主的教学方法已无法满足当代通识教育的需求。现代化的教学手段，如在线学习平台、模拟实验和项目式学习，能够帮助学生在更广泛的领域内进行探索和实践，从而实现知识的融会贯通。通过这些手段，教师能够有效地应对不同学生的需求，促进他们的个性化发展。

听、说、读、写是传统的教学手段，在通识教育中，这些技能的传授应成为基础。课程应强调听和说的比重，作为展开更高水平教育的基本要素。在现代化教学手段的应用中，教师可以通过小组讨论、演讲和辩论等形式，加强学生的表达能力和逻辑思维能力。这不仅保留了传统教学方法的重要性，还为学生创造了更为丰富的学习体验。

在通识教育中，互动式教学法应作为技能传授的主体。教师需重视学生的主体地位，鼓励学生积极参与教学活动，利用已掌握的知识解决多样化的问题。教师可以通过设定真实世界的问题情境，促使学生进行深入探讨，甚至提出跨学科的问题。这种互动式的教学方法不仅提升了课堂的活跃氛围，还能有效增强学生的参与感和学习动机。

在现代化的教学手段中，教师应不断创新，寻找适合学生学习的方式。在教学实施过程中，教师与学生之间的平等交流至关重要。通过课堂讨论、辩论甚至模拟法庭等形式，可以增强互动式教学的效果。这种平等的交流模式不仅活跃了课堂氛围，还能让教师更好地了解学生的需求与想法，进而调整教学策略，提升通识教育的整体效果。

4. 促进通识教育与思想政治教育结合，提高通识教育有效性

通识教育与思想政治教育的有机结合是提高通识教育有效性的关键所

在。通识教育旨在培养学生的综合素质，拓宽其视野，提升批判性思维和创新能力，而思想政治教育则侧重于培养学生的价值观、世界观和人生观。两者的有机结合不仅可以丰富通识教育的内涵，提升其教育效果，还能为学生的全面发展提供坚实的思想基础。

（1）通识教育与思想政治教育的结合可以增强教育的针对性和适应性。现代社会快速变化，学生面临的挑战和问题日益复杂，单一的知识传授已经难以满足他们的需求。通过将思想政治教育融入通识课程，可以引导学生从多角度思考问题，形成全面的视野和深刻的洞察力。这种多元视角的培养，不仅有助于学生应对现实生活中的复杂性，也为他们将来的职业发展奠定了良好的基础。

（2）通识教育与思想政治教育的融合能够提升学生的社会责任感和使命感。思想政治教育强调个体对社会的责任，培养学生关注社会、服务社会的意识。当通识教育与思想政治教育有效结合时，学生不仅能够学到丰富的知识，还能够在知识的应用中感受到责任和使命。这种责任感不仅体现在学术上，更渗透到学生的日常生活与行为中，激励他们积极参与社会实践，提升自我价值。

（3）通过结合通识教育与思想政治教育，教师能够更好地促进学生的思维能力与价值观的协调发展。通识教育强调批判性思维的培养，而思想政治教育则关注学生的价值观和伦理道德的构建。两者的结合，使得学生在获取知识的同时，能够更深入地理解和反思这些知识的社会和伦理意义。这种批判性与反思性的结合，有助于学生在面对复杂的社会现象时，作出理性判断和伦理选择。

（4）通识教育与思想政治教育的有机结合还有助于构建和谐的校园文化。一个积极向上的校园文化，不仅要依靠丰富的课程设置，更需要思想政治教育的引领。通过在通识教育中融入思想政治的元素，可以培养学生的团队精神与合作意识，增强集体主义情怀，从而促进校园内的和谐氛围。在这样的环境中，学生能够更加积极地参与到学习和社会活动中，提升自身的综合素质。

第三节　大学生人文精神课程资源的开发与利用

一、创新课程内容

（一）跨学科整合

在人文精神课程的内容创新层面，跨学科整合的实践显得尤为重要且富有成效。这一整合策略旨在突破传统人文学科，如文学、历史与哲学等领域的固有界限，进一步融入社会科学与自然科学的知识体系，从而全方位、多角度地提升学生的综合人文素养。通过这一整合，我们不仅能够实现学科间的知识互补，还能够促进学生在不同领域间的思维碰撞与融合。

具体而言，跨学科整合的教学模式在人文精神课程中的应用，体现在多个方面。例如，在文学课程中，可以引入社会学的视角，引导学生分析文学作品中所反映出的社会现象、社会变迁以及社会心理等，从而使学生更加深刻地理解文学与社会之间的相互关系。这种教学模式不仅能够增强学生的文学鉴赏能力，还能够培养他们的社会观察力和批判性思维。

同时，在历史课程中，可以结合地理知识，共同探讨历史事件的空间分布、地域特征以及地理环境对历史事件的影响等。这种结合不仅能够使学生更加全面地理解历史的复杂性，还能够培养他们的空间思维能力和历史解释能力。此外，通过跨学科整合，还可以将自然科学中的方法论引入人文课程，如运用统计学方法分析历史数据，或运用心理学原理解读文学作品中的心理描写等，从而进一步拓宽学生的学术视野和思维方式。

（二）经典文化的融入

经典文化作为人文精神不可或缺的核心要素，是民族历史记忆与文化精髓的集中体现。在大学生人文精神课程资源的开发中，将经典文化融入教学内容，是提升课程深度与广度、培养学生综合人文素养的重要途径。具体而言，这包括对中国古代经典、世界文学名著以及哲学思想等经典文本的深度挖掘与有机整合。

第一，中国古代经典，如《论语》《道德经》《史记》等，蕴含着丰富的哲学思想、道德观念与人文情怀。通过引导学生进行原著阅读，不仅能够使他们领略到古代先贤的智慧与思想，还能培养他们的文言文阅读能力和对传统文化的理解力。同时，结合现代视角对古代经典进行解读，可以帮助学生更深入地理解传统文化的当代价值，从而增强他们的文化自信与民族认同感。

第二，世界文学名著的融入，如莎士比亚的戏剧、雨果的小说、托尔斯泰的巨著等，能够拓宽学生的国际视野，使他们了解不同文化背景下的文学表达与人文思考。通过组织专题讨论、角色扮演等活动，学生可以更深入地探讨文学作品中的人物形象、主题思想以及文化背景，从而培养他们的跨文化交流能力与批判性思维能力。

第三，哲学思想的引入，如古希腊哲学、康德伦理学、马克思哲学等，能够为学生提供更为广阔的思维空间与理论支撑。通过引导学生对哲学原著进行研读与讨论，可以帮助他们形成更为深刻的世界观、人生观与价值观，进而提升他们的人文素养与综合素质。

（三）伦理道德与社会责任教育

在当今这个快速变迁、信息爆炸的社会环境中，伦理道德与社会责任教育对于培养具有高尚品德、强烈社会责任感以及良好公民素养的未来社会成员具有不可估量的价值。伦理道德与社会责任教育的深入实施，旨在培养学

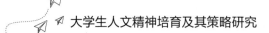

生的责任感与担当精神，使他们在面对复杂多变的社会情境时，能够坚守道德底线，勇于承担社会责任。这种教育不仅为学生树立了正确的道德导向，更为他们在未来的社会生活中提供了宝贵的道德指南与行动准则。

因此，在大学生人文精神课程资源的开发中，对伦理道德与社会责任教育的系统性强化显得尤为重要。这要求课程内容不仅涵盖道德哲学、公民伦理、社会正义等核心议题，还需深入探讨这些议题在当代社会中的具体表现与深远影响，以引导学生建立基于理性思考、人文关怀与社会责任感的正确价值观体系。通过这一系列的教育活动，学生将学会在个人利益与社会利益之间寻求平衡，学会在尊重他人与遵守社会规范的基础上，积极为社会进步与发展作出贡献。

二、建设教学资源库

（一）数字化资源建设

随着信息技术的迅速发展，数字化资源的建设已成为课程资源开发的重要方向。在当今信息化时代，数字资源不仅提高了教学的可及性和灵活性，还为学生的学习提供了丰富的选择。这些资源包括在线课程、虚拟实验室、数字博物馆、在线文献库等多种形式，构建人文精神的数字平台，使学生能够在任何时间和地点访问大量的学习资料，进行自主学习与协作学习。这种数字化学习方式能够有效提升学生的学习效率与学习兴趣，同时也有助于培养他们的信息素养与自我学习能力。

通过数字化平台，学生不仅可以获取到最新的学术研究成果和经典文献，还能够参与到虚拟实验和互动学习中，增强实践体验。比如，数字博物馆提供了丰富的文化遗产资料，使学生能够通过虚拟展览的形式深入了解人类历史与文化；而在线文献库则为学生提供了广泛的学术资源，支持他们的研究与论文写作。整体而言，数字化资源的建设为人文精神课程的教学提供了多元化的支持，促进了知识的传播与学生能力的提升。

（二）案例库建设

案例库的建设是理论与实践结合的重要桥梁，具有不可或缺的教学价值。在人文社科领域，收集和整理国内外经典案例、社会热点问题及政策实践，形成系统化、多样化的案例库，能够为教师的教学提供丰富的资源支持。这种案例库不仅涵盖了理论知识的实际应用，还涉及了与社会发展息息相关的各种现实问题，极大地丰富了教学内容。

在教学过程中，教师可以运用案例分析的方式，将抽象的理论与具体的实践相结合，帮助学生理解和掌握人文精神课程中的重要概念与思想。案例分析不仅能够增强学生的理论应用能力，还能有效促进其批判性思维与问题解决能力的培养。通过对真实案例的深入探讨，学生得以从中汲取经验教训，学会如何在复杂的社会情境中进行理性判断与决策。同时，案例库的多样性也鼓励学生进行跨学科的思考，激发他们的创新意识与实践能力。

三、优化教学方法

（一）探究式学习

探究式学习作为一种以学生为中心的教学方法，其核心理念在于通过引导学生主动探索知识，培养其创新思维与批判性思维能力。在人文精神课程的设计中，探究式学习的深度应用显得尤为重要。具体而言，教师可以精心选择一系列具有开放性和探讨价值的议题，如"跨文化交流中的文化差异与融合策略""数字化时代人文精神的传承与创新路径"等，这些议题不仅贴近现实生活，而且能够激发学生的研究兴趣与探索欲望。

在探究式学习的过程中，学生被鼓励提出问题、设计研究方案、收集并分析数据，以及进行结果解释与讨论。这一系列活动不仅能够使学生深入理解课程内容，还能在探究过程中培养他们的独立思考能力、问题解决技巧以及团队协作精神。此外，探究式学习还强调学生之间的交流与合作，通过小

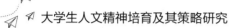

组讨论、汇报展示等形式，促进知识的共享与思维的碰撞，进一步丰富学生的学习体验与认知深度。

（二）项目式学习

项目式学习作为一种强调实践与合作的教学模式，在人文精神教育中具有独特的价值。通过设计跨学科的项目任务，如"城市文化遗产的保护与活化利用""社会公益项目的策划与实施"等，学生不仅能够整合和运用所学知识，还能在实际问题的解决过程中提升团队协作能力与项目管理能力。

在项目式学习的过程中，学生需要深入调研、分析问题、制定解决方案，并付诸实践。这种教学模式使学生在真实情境中进行学习，不仅能够提高他们的知识理解与应用能力，还能增强他们的社会责任感与创新能力。此外，项目式学习还强调实践性，学生在参与过程中能够积累经验、锻炼技能，为未来的职业发展奠定坚实的基础。同时，通过参与社会公益项目等实践活动，学生还能够培养对社会问题的关注与责任感，成为有担当、有情怀的社会公民。

（三）翻转课堂

翻转课堂作为一种颠覆传统教学模式的创新方法，其核心在于将知识的传授移至课外，而课堂时间则主要用于讨论、解答疑惑与深化理解。在人文精神课程中，翻转课堂的创新实施对于提升教学效果具有重要意义。

具体而言，教师可以制作高质量的预习材料，如教学视频、阅读指南等，帮助学生在课外进行自主学习。这些预习材料应涵盖课程的核心知识点与关键议题，同时提供丰富的背景信息与案例资料，以激发学生的学习兴趣与探索欲望。在课堂上，教师可以专注于引导深度讨论、进行案例分析以及鼓励创意表达，以促进学生之间的思维碰撞与观点交流。这种教学模式不仅能够提高课堂的互动性，还能有效激发学生的学习兴趣与主动性。

通过翻转课堂的实施，学生能够更好地掌握知识、理解概念，并在讨论与交流中形成更为深入的见解。同时，这种教学模式还能够培养学生的自主学习能力、批判性思维以及问题解决能力，使他们在面对复杂的人文议题时能够形成更为全面、深刻的认知与理解。此外，翻转课堂还强调学生的主体性，鼓励他们积极参与课堂讨论与互动，从而营造了一种积极、开放的学习氛围。

四、鼓励教师参与课程开发

教师在课程资源开发中扮演着至关重要的角色，其人文素养直接影响课程的质量和学生的学习效果。因此，通过定期举办人文讲座、学术研讨会、教师工作坊等活动，旨在全面提升教师的文学、历史、哲学等人文学科素养，以及他们的跨学科研究能力。这些活动不仅为教师提供了一个交流思想与研究成果的平台，还为其持续学习和专业发展创造了机会。通过与专家学者的互动，教师能够深入了解当前人文研究的前沿动态与理论趋势，从而更有效地融入教学实践中。提升教师的人文素养，有助于他们在课程设计中注入更丰富的内容与视角，确保高质量的人文精神课程能够得到设计与实施，最终培养出具有深厚人文素养的学生。

为了激励教师参与人文精神课程的创新设计与实施，建立有效的激励机制显得尤为重要。通过为教师提供课程开发基金、在职称评定中认可课程开发成果，以及设立教学成果奖等方式，能够有效激发教师的积极性与创造力，使其基于自身的研究领域和个人兴趣，主动参与到课程的开发中。这种参与不仅可以提升教师的职业成就感，还能鼓励他们在教学中探索新的方法与理念，从而推动课程的持续改进与创新。此外，教师参与课程开发的过程也是其专业成长的重要组成部分，通过实践，他们能够不断反思与调整自己的教学策略，提高课堂的有效性。这一过程不仅为教师的职业发展提供了支持，也为学生创造了更为丰富和多样化的学习体验。

第六章　大学生人文精神培育的社会实践途径

第一节　深化人文社科实践教学的策略

一、开展人文社科类专业混合式实践教学

实践教学是培养人文社科类大学生创新能力的重要途径，但由于传统实践教学存在教学设计陈旧、教学资源短缺等问题，使得人文社科类专业实践教学面临困境。基于新媒体技术而产生的混合学习方式不再局限于传统的理论教学，而逐渐延伸到实践教学中。混合式实践教学利用实体实践和在线实训相结合的方式，能够革新人文社科类专业实践教学的理念、更新教学内容、整合教学资源，从而提升其教学质量，实现人文社科类专业实践教学的目标①。

创新精神与实践能力是当前我国大学生培养的重要目标。实践教学是课堂理论教学的延伸，是达成这一培养目标的重要教学形式。

---

① 李艳丽，任天成. 人文社科类专业混合式实践教学探究［J］. 学校党建与思想教育，2018（6）：43-44+47.

（一）混合式实践教学的概念与优势

混合式实践教学是一种将传统的实体课堂教学与现代在线学习相结合的教学模式，旨在通过多元化的学习途径提升教学效果。这种教学模式以信息技术的发展为基础，通过整合线上线下资源，突破了传统教学的时空限制，赋予学生更多的自主学习机会。混合式教学不仅可以改善传统教学中存在的不足，还能够通过灵活的教学方式，提供更多实践机会，提升学生的自主学习能力和创新能力。混合式实践教学的最大优势在于其双重性：一方面，学生可以通过在线学习随时获取丰富的学习资源；另一方面，实体实践为学生提供了真实的操作环境，促进学生理论知识的实际应用。

在人文社科类专业中，混合式实践教学的引入为实践教学带来了革命性变化。传统人文社科类专业的实践教学往往受限于教学场地、资源匮乏等问题，难以实现理论与实践的有效结合。而混合式实践教学通过将在线学习与实体实践相结合，打破了传统教学模式的局限，提升了教学质量和学生的学习体验。此外，混合式模式的灵活性为教师提供了更多创新教学设计的可能，使得教学内容能够更加贴近学生的实际需求，有效增强了教学效果。

1. 混合式教学的兴起及其在实践教学中的应用

混合式教学的兴起与信息技术的迅猛发展密不可分。随着网络和数字技术的普及，在线学习逐渐成为教学中的重要组成部分。混合式教学起源于 20 世纪末，最初被引入高等教育领域，作为一种弥补传统教学缺陷的手段。其核心在于通过整合线上和线下的学习资源，提供更加灵活且丰富的学习体验。具体到实践教学中，混合式模式的应用不仅能够提升教学的灵活性，还能够通过在线模拟、虚拟实验等方式，增强学生的实践技能与创新能力。

在人文社科类专业的实践教学中，混合式教学的应用尤为重要。由于人

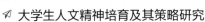

文社科类专业往往缺乏类似于理工科专业的实验室或实训基地，传统的实践教学资源相对匮乏。通过混合式教学，教师可以充分利用网络平台和数字资源，弥补实践教学中的资源短缺。学生不仅可以在线获取学习材料，还能够通过参与虚拟讨论、案例分析等互动环节，强化对理论知识的理解。在这一过程中，学生能够主动参与学习，并通过数字平台进行自主探究和协作讨论，从而提升实践能力和创新思维。

2. 实体实践与在线学习结合的革新作用

混合式教学模式下，实体实践与在线学习的结合在革新人文社科类专业的实践教学中具有重要作用。

在线学习的引入极大地拓宽了学生获取学习资源的渠道。教师可以通过网络平台提供丰富的教学资源，包括文献、视频讲解、案例分析等，使学生能够根据自身需求进行自主学习。这种学习方式打破了传统课堂时间和空间的限制，使得学生在课后也能继续深度学习。此外，在线学习平台为师生互动提供了更多机会，学生可以通过平台与教师和同学进行即时交流，获取反馈和建议。而实体实践则为学生提供了理论与实践结合的机会。通过实体实践，学生可以在实际操作中将所学的理论知识应用于现实情境中，深化对知识的理解。在人文社科类专业中，实践教学往往涉及社会调研、实地考察、案例分析等环节，这些环节的实施需要依赖于实体实践。然而，实体实践的局限性在于其受限于时间和场地，难以满足所有学生的需求。而混合式实践教学通过将实体实践与在线学习相结合，既保证了学生能够在真实环境中进行操作，又通过在线平台提供了额外的学习支持和反馈，增强了实践教学的灵活性与有效性。

混合式实践教学的另一个革新作用在于其能够提供多样化的学习体验，促进学生的人文素养和综合能力的全面提升。通过混合式教学，学生可以在参与实际社会实践的同时，通过在线学习扩展理论知识的广度与深度。这种理论与实践的有机结合，使得学生在学习过程中不仅能够深入理解知识，还能够在实际操作中培养实践能力和批判性思维。

（二）混合式实践教学对人文精神培养的促进作用

混合式实践教学对大学生人文精神的培养具有显著的促进作用。多元化的学习模式为学生提供了丰富的学习体验，通过理论与实践的有机结合，学生能够在实际操作中深化对人文精神的理解。在线学习的引入使学生能够更加灵活地获取学习资源，拓宽了知识的广度。同时，实体实践为学生提供了将理论知识应用于实际问题的机会，增强了学生的社会责任感和批判性思维能力。平等互动与合作探究在混合式实践教学中的应用，促进了学生人文精神的培养。在在线学习平台上，学生与教师、同学之间的互动更加频繁，学生可以通过讨论和合作解决实践教学中的问题。这种互动不仅增强了学生的合作意识，还培养了学生的批判性思维和创新能力。此外，教师在混合式实践教学中的引导作用也十分关键，教师应通过鼓励学生自主探究和合作学习，促进学生人文精神的形成。

1. 通过多元学习模式提升学生人文精神素养

混合式实践教学通过多元化的学习模式，促进了学生人文精神素养的提升。在线学习为学生提供了自主学习的机会，使其能够根据自身的兴趣和需求进行个性化的学习。学生可以通过网络平台获取丰富的学习资源，包括文献、案例、视频等，灵活安排学习时间和进度。这种自主学习模式不仅增强了学生的自我管理能力，还培养了他们的自主探究精神和创新意识。这些素质的培养对于人文精神的形成至关重要，因为它们体现了个体在学习和生活中的自主性与能动性。在线学习和实体实践的结合使学生能够在不同的学习情境中灵活运用所学知识，从而提升其人文素养。实体实践为学生提供了亲身参与社会实践的机会，使其能够在真实的社会情境中应用人文社科知识，理解和体验人文精神的具体体现。学生通过参与调研、实地考察、文化项目等活动，能够更好地理解社会的多样性和复杂性，增强了他们对社会公平、

正义、责任的感知和认同。在这些实践活动中，学生不仅能够锻炼自己的实践能力，还能够培养社会责任感和批判性思维能力，从而在更深层次上提升其人文精神素养。

混合式实践教学的多元学习模式还促进了学生的合作意识和团队精神。在混合式教学中，学生通过在线平台和实体课堂参与小组讨论、案例分析等合作学习活动，学会如何与他人合作解决问题。这种合作学习不仅培养了学生的团队精神和协作能力，还增强了他们对他人观点的包容性和尊重。在合作探究的过程中，学生能够通过相互交流和反馈，学习如何理性地分析问题，并从多角度思考解决方案。这种多维度的思维方式和合作精神是人文精神的重要组成部分，有助于学生在人际交往和社会生活中更加理性、包容和负责地处理问题。

2. 平等互动与合作探究在培养人文精神中的应用

混合式实践教学的一个重要特征是注重平等互动与合作探究。这种教学方式不仅打破了传统教学中教师为主导、学生为被动接受者的模式，还鼓励学生在学习过程中积极参与、合作探究，从而促进了人文精神的形成与发展。在这一教学模式下，教师不再是单向的知识传授者，而是学生学习过程中的引导者和协作者。教师通过在线平台和实体教学为学生提供问题情境和思考框架，引导学生进行自主学习和合作探究。

通过平等的互动，学生在学习过程中逐渐培养起对他人观点的尊重与包容。这种多向度的交流不仅有助于学生对问题的多角度思考，还促使他们在合作中形成团队精神和协作能力。这些能力是人文精神的重要组成部分，它们能够帮助学生在未来的社会生活中以更加开放、理性和包容的态度应对复杂的社会问题。在合作探究的过程中，学生能够通过小组讨论、案例分析等形式，共同解决实践教学中的问题，这不仅提高了他们的团队协作能力，也培养了他们对社会责任感和公共利益的关注。

此外，平等互动的学习环境为学生提供了更多表达自我观点的机会，鼓励他们通过反思和批判性思维参与到问题的探讨中。通过互动与探究，学生逐渐增强了自我意识，能够在多样的观点中辨别、反思和选择。这种能力的培养对于人文精神的形成至关重要，因为它强调了个体在社会中的主体地位和责任意识。通过批判性思维的训练，学生学会如何理性地审视社会现象，思考人类生存的意义以及人与自然、社会、他人之间的关系，从而更好地实践人文精神的价值追求。

（三）混合式实践教学的有效实施

1. 混合式实践教学课程的设计和优化

要有效实施混合式实践教学，需要对课程设计进行合理地规划与优化。实践教学的课程设计应注重理论与实践的相互融合，确保学生在学习过程中既能够掌握扎实的理论知识，又能够通过实践活动加深对理论的理解。在具体实施中，课程内容应根据不同的教学目标进行模块化设计，将理论学习与实践操作相结合。对于实践教学中的复杂问题，可以通过在线平台设置案例讨论、虚拟实训等环节，帮助学生从多维度思考和解决问题。

在优化课程设计的过程中，还应注重教学资源的整合与共享。人文社科类专业的教学资源通常较为有限，因此，混合式教学中的在线平台可以通过整合校内外资源，为学生提供丰富的学习材料与实践机会。在线平台不仅可以用于发布学习任务、提供教学资源，还能够为师生互动提供便捷途径。通过这种方式，教师能够及时为学生提供反馈，学生也可以通过平台与同学进行讨论与合作，增强学习的互动性与参与感。

另外，教师在混合式实践教学中的角色也需要进行调整。在混合式教学模式下，教师不再仅仅是知识的传授者，更是学习的引导者和实践活动的指导者。教师应通过在线平台与学生保持密切联系，及时为学生提供指导和支持。同时，在实践环节中，教师应通过引导学生参与实际社会调研、案例分析等实践活动，帮助学生将理论知识应用于实际问题的解决中。

2. 实体教学与网络平台资源的整合

实体教学与网络平台的整合是混合式实践教学成功实施的关键。实体教学主要用于实际操作和实践环节,通过面对面的交流与指导,使学生能够在真实情境中应用理论知识。而网络平台则提供了丰富的学习资源和互动平台,支持学生在课后进行自主学习与讨论。通过将实体教学与在线学习结合,学生能够获得更加全面的学习体验,增强了学习的主动性和参与感。

在整合实体教学与网络平台资源时,应注重两者的协同作用。实体教学中,教师应根据学生的学习需求,安排实际操作和实践任务,帮助学生将理论知识转化为实践能力。而在网络平台上,教师可以通过发布相关的学习资源和任务,引导学生进行预习和复习。同时,教师还可以通过在线平台与学生进行即时互动,回答学生在实践过程中遇到的问题,提供个性化的指导。

通过这种线上线下结合的教学模式,学生能够在实际操作中加深对理论知识的理解,同时通过在线学习扩展知识的广度与深度。这种双重学习体验不仅提升了学生的学习效果,还增强了他们的实践能力和创新思维。

二、建设人文社科类专业校外人才培养基地

校外人才培养基地是指高等院校与企事业单位或其他社会组织合作设立的,为学生提供实践机会和培养环境的基地。这些基地通常位于高校之外,具有真实的工作环境和丰富的实践资源,能够让学生通过参与实际工作,提升动手能力、职业素养和社会适应性。其目标在于为学生提供一个跨越理论与实践的桥梁,帮助他们在校外环境中实现理论知识的具体应用,同时进一步提升综合能力。校外人才培养基地不仅是高等教育系统的延伸,亦是企事业单位主动参与教育培养过程的一部分[①]。

---

① 谢永宪,王巧玲,吴晓红,等. 人文社科类专业校外人才培养基地建设 [J]. 实验室研究与探索,2013,32(7):122-125.

（一）校外人才培养基地建设的必要性

校外人才培养基地的建设已成为提升高等教育实践教学水平的重要路径，尤其是在当代社会对高素质应用型人才需求日益增长的背景下，其重要性愈加凸显。校外人才培养基地的作用不仅在于为高校学生提供实习和实践的场所，它更是高校人才培养体系中不可或缺的组成部分，有助于推动高校教育与社会需求的有效对接，实现实践教学与理论教学的融合。因此，从多个层面探讨校外人才培养基地建设的必要性，对于理解这一教育创新模式的深远意义至关重要。

1. 人才培养模式改革的迫切需求

随着社会经济的快速发展，企业对高校毕业生的要求不仅局限于理论知识的掌握，还更加注重学生的实践能力与创新意识。然而，传统的高校教育模式以课堂理论教学为主，学生较少有机会将所学的理论知识应用于实际场景中，导致他们在就业时面临实践经验不足、动手能力欠缺的困境。针对这一现象，校外人才培养基地的建设成为一种有效的教育模式补充，通过为学生提供真实的实践环境，帮助他们在工作中将理论与实践相结合，从而更好地适应社会对人才的要求。

现行的高校人才培养模式面临转型的需求。以往理论教学与实践教学往往分离，甚至存在脱节的现象。理论知识虽然为学生提供了坚实的学术基础，但在实际操作过程中，学生常常无法将理论有效应用于具体情境中。这种理论与实践的分离不仅影响了学生的学习效果，也制约了他们在实际工作中的竞争力。校外人才培养基地通过与行业、企业等社会组织的紧密合作，弥补了理论教学中实践部分的不足，使学生在真实的工作环境中学习和成长。这种结合为高校人才培养模式提供了全新的思路，有助于打破传统教育的局限性，推动高校人才培养方式的改革与创新。

2. 实践教学资源不足的现状

在许多高校,尤其是人文社科类专业,实践教学资源相对匮乏,难以满足学生的实际需求。相比理工类学科,文科类学科的实践性较为隐性,传统教育观念往往对文科专业的实践教学重视不足。部分高校虽然在校内设有一定的实验室或实训基地,但由于设备不足、资源有限,难以为大规模学生提供高质量的实践教学条件。因此,学生在校内获取的实践机会非常有限,无法充分体验到真实的职业环境及岗位需求。

校外人才培养基地的建设能够有效解决这一问题,为高校学生提供更多元化的实践资源和更广阔的学习平台。在校外基地中,学生能够接触到企业真实的业务流程和技术设备,体验实际的工作场景,并通过参与企业项目来增强自己的职业素养。校外基地丰富了高校的实践教学资源,为学生提供了更多选择,使他们能够根据自身的专业方向和兴趣选择适合的实践岗位。这种方式既有效缓解了高校实践教学资源不足的问题,也提升了学生的学习积极性和实践效果。

3. 提升学生综合素质与就业能力的必要性

在全球化和信息化的推动下,现代社会对人才的需求日益呈现出多样化和高标准的趋势。高校学生不仅需要具备扎实的理论基础,还必须具备较强的实践能力、创新精神、沟通协调能力等综合素质。仅依靠校内的课堂教学和有限的实验实训,难以满足这一多样化的需求。因此,校外人才培养基地的建设成为提升学生综合素质和就业能力的重要举措。

通过校外基地的实践教学,学生不仅能够学习到专业知识的实际应用,还能够培养团队协作、问题解决和沟通表达等职业素养。在真实的工作环境中,学生面对实际问题时需要综合运用所学的知识进行分析和决策,从而锻炼他们的逻辑思维和决策能力。同时,学生还可以通过与企业员工的合作,学习职场中的沟通技巧与团队合作精神,这些都是未来职业生涯中至关重要的能力。此外,校外基地能够提供丰富的行业资源和人脉积累,学生在实习过程中有机会接触行业专家和职业导师，从而为未来的职业发展奠定基础。对于企业而言，校外人才培养基地也是一种优秀的招聘渠道，企业能够通过实习过程发现并吸引优秀人才，从而提高招聘的精准度和效率。

4. 高校与社会需求的有效衔接

校外人才培养基地不仅是高校学生实践学习的重要场所，也是高校与社会需求对接的纽带。在现代高等教育体系中，高校的培养目标应与社会和行业的发展需求保持高度一致。然而，许多高校由于与社会的联系不够紧密，人才培养目标和社会需求之间存在一定的脱节现象，导致高校培养的毕业生在进入职场后，面临"理论与实际脱节""专业与市场需求不符"的困境。

校外人才培养基地通过与企事业单位的深度合作，能够及时获取行业前沿的动态和技术需求，使高校能够根据社会需求不断调整人才培养目标和课程设置。这种互动不仅提高了高校教学内容的实用性，也使学生的知识体系更加契合行业的发展趋势，增强了其职业竞争力。通过校外基地的建设，高校能够更加精准地培养出符合社会和市场需求的人才，实现人才培养与社会需求的无缝对接。

5. 推动高校教育理念与教学模式的转变

校外人才培养基地的建设还推动了高校教育理念与教学模式的转变。在传统的高等教育体系中，知识的传授主要以教师为中心，教学模式较为单一，学生的自主性和实践能力往往难以充分发挥。校外人才培养基地的引入，使学生成为实践教学的主体，他们在真实的工作环境中主动参与问题的解决与项目的执行，从而转变了传统的教学模式。高校通过校外基地的建设，能够更加注重学生的自主学习能力、创新能力和综合实践能力的培养，推动"以学生为中心"的教学理念的落实。

此外，校外人才培养基地为教师的教学方法创新提供了新的思路。通过参与校外基地的教学与管理，教师能够了解行业发展的前沿动态，并将这些新知识、新技术引入课堂，从而使教学内容更加丰富和实用。教师在教学过程中能够更加灵活地运用实践案例和实际项目，提升教学的互动性和趣味性。这一过程中，实践教学与理论教学的深度融合，不仅使学生受益，也为高校教师的教学科研提供了丰富的素材和研究课题。

（二）校外人才培养基地建设的原则与标准

校外人才培养基地的创建是高等教育实践教学体系中至关重要的环节，其成功与否直接关系到实践教学质量和人才培养效果。为了确保校外基地能够切实发挥其应有的功能，基地的创建必须遵循科学、严谨的原则，并结合具体的标准进行规划与实施。这不仅有助于规范校外人才培养基地的建设与管理，也为其长期稳定发展奠定了坚实基础。因此，深入探讨校外人才培养基地的创建原则与标准，对于优化高等教育实践教学模式、提升人才培养质量具有重要意义。

1. 校外人才培养基地的创建原则

在创建校外人才培养基地时，需要遵循一系列基本原则，以确保基地建设能够有序、规范地进行，充分发挥其在人才培养中的积极作用。

（1）合作共赢原则。合作共赢是校外人才培养基地创建的核心原则之一。高校与企业、社会组织之间的合作不仅是实现优质教育资源共享的关键途径，更是推动校企双方在人才培养和发展中的共同进步。通过合作，高校能够借助企业的实际工作环境和技术资源，弥补其自身在实践教学中的短板，为学生提供真实的实习场景和实践机会。与此同时，企业可以借助高校的科研优势和人才储备，提升其自身的技术创新能力和人力资源管理水平。通过这种互利共赢的合作模式，双方能够实现资源的最大化利用，推动人才培养质量的提升，增强社会对高校毕业生的认可度和需求。

（2）实践导向原则。校外人才培养基地的根本任务是为学生提供实践机会，使其在真实的工作环境中锻炼和提升综合素质。因此，基地的创建必须以实践导向为核心，确保基地能够为学生提供丰富的实践资源和多样化的实习岗位。实践导向不仅体现在基地的硬件设施和实习内容上，还应贯穿于基地的管理机制、合作模式和教学设计之中。在创建基地的过程中，应充分考虑实践教学的特点和需求，确保学生能够通过实践掌握专业技能、提高动手能力、增强职业素养，并在实践过程中深化对理论知识的理解和应用。

（3）长期可持续发展原则。校外人才培养基地的创建不仅要着眼于短期的教学任务，还应具有长期可持续发展的战略规划。为了实现这一目标，基地建设应在合作机制、管理模式、资源配置等方面制定科学的规划，确保基地在运行过程中能够持续提供高质量的实践教学资源。基地的可持续发展还体现在其对行业、社会需求变化的适应能力上。随着技术进步和市场变化，社会对人才的要求不断提升，校外人才培养基地必须能够根据行业发展的新趋势，及时调整实践内容和人才培养方向，确保基地建设与社会发展的同步性和前瞻性。

（4）多元化与开放性原则。校外人才培养基地应具有多元化与开放性的特点。多元化体现在基地合作单位、实习内容和实践形式的多样性。基地的合作单位应涵盖不同行业、不同领域，以确保学生能够在不同的实践环境中获得全面的职业体验。开放性则体现在基地资源的共享性上。基地不仅应面向本校学生，还可以与其他高校、社会组织共享实践资源，形成资源的最大化利用和互通，从而实现更为广泛的人才培养目标。这种多元化与开放性的创建模式有助于提升基地的实践教学质量和综合效益，推动实践教学的跨学科、跨行业融合。

2. 校外人才培养基地的选择标准

在创建校外人才培养基地时，选择合适的合作单位和基地资源是确保基地顺利运行的关键。高校应根据自身的专业特点和人才培养目标，结合以下标准，选择合适的基地进行合作。

（1）企事业单位的知名度与社会影响力。选择具有较高知名度和较大社会影响力的企事业单位作为校外人才培养基地，不仅有助于提升高校的社会

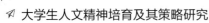

声誉，也能够为学生提供更具价值的实践机会。知名企业往往具有完善的管理体系、先进的技术设备和广阔的发展平台，能够为学生提供良好的实践环境，帮助他们更好地了解行业动态和市场需求。同时，选择具有较大社会影响力的合作单位也有助于提高学生的就业竞争力，增强毕业生在职场中的认可度和职业发展机会。因此，在选择校外基地时，高校应优先考虑那些在行业内具有重要地位、与高校具有长期合作基础的知名企业或社会组织。

（2）高校与基地单位的历史渊源与合作基础。校外人才培养基地的创建需要建立在双方长期合作与信任的基础上。高校与基地单位之间的合作历史越长，双方在沟通、协调、管理等方面的默契度就越高，基地的建设和管理也就越顺利。长期的合作不仅有助于双方在基地建设过程中形成稳定的合作机制，还能够为基地的持续发展提供保障。因此，在选择校外基地时，高校应优先考虑那些与自身具有深厚合作历史和共同培养经验的企事业单位。这种合作模式有助于巩固双方的关系，推动人才培养目标的顺利实现。

（3）基地单位的接待能力与资源配置。校外人才培养基地的选择还需要考虑合作单位的接待能力和资源配置情况。基地单位应具备足够的接待能力，能够为学生提供适当的工作场所、生活保障和指导教师，确保学生的实践教学顺利进行。同时，基地单位的资源配置应与高校的专业需求相匹配，能够为学生提供符合其专业特点和培养目标的实践内容与资源。例如，理工科专业的基地单位应具备先进的技术设备和实验环境，文科类专业则需要能够提供与社会、文化、管理等相关的实际工作场景和岗位。只有具备良好接待能力和合理资源配置的基地单位，才能确保实践教学的顺利开展。

（4）基地单位的管理体制与协作机制。基地单位的管理体制和协作机制是确保校外人才培养基地顺利运行的关键因素。一个良好的管理体制不仅能够保证基地的日常运行，还能够为学生提供规范化的实践教学指导和管理服务。基地单位应具备完善的管理体系，能够有效协调高校、企业和学生之间的关系，确保各方的权利和义务得到保障。同时，基地的协作机制也应具有一定的灵活性和适应性，能够根据高校和学生的实际需求，及时调整实践教学的内容和形式，确保实践教学的灵活性和多样化。

（三）校外人才培养基地的建设模式与策略

校外人才培养基地的建设是现代高等教育体系中重要的实践环节，其核心目标在于通过搭建高校与社会之间的实践平台，培养符合社会发展需求的高素质应用型人才。为了实现这一目标，必须在建设模式与策略上进行深入探索，确保基地的功能充分发挥，并推动实践教学与理论教学的深度融合。科学合理的建设模式与创新性的策略是校外人才培养基地长期稳定发展的基础，直接影响到实践教学的质量与人才培养效果。

1. 校政合作与多方协同的模式

校外人才培养基地的建设离不开高校与社会各界的密切合作，尤其是校政合作模式在人才培养中具有重要的推动作用。这一模式的核心在于通过政府、高校和企事业单位的多方合作，整合社会资源，形成联合育人机制。在这一过程中，政府发挥统筹规划和政策支持的作用，高校提供理论教学资源和人才培养方案，企事业单位则作为实践平台提供真实的工作环境与岗位资源。

通过这种校政合作模式，政府能够为校外基地建设提供政策、资金和制度保障，确保基地建设的顺利进行。高校与企业在政府的协调下能够有效对接需求，推动实践教学与科研合作的深入发展。例如，政府可以通过设立专项基金，鼓励高校与企事业单位合作共建校外人才培养基地，支持人才培养项目的实施。同时，政府还可以通过政策引导，促进企业参与高校人才培养过程，为企业提供政策优惠和激励机制，从而增强企业的参与积极性。

多方协同模式强调高校与社会组织、行业协会等多个主体的深度合作，形成跨界共建的综合性基地。这种模式有助于打破单一合作的局限性，提升资源的整合效率与利用率，从而为学生提供更为丰富的实践教学资源。通过高校、政府、企业及社会组织的多方协同合作，校外人才培养基地可以形成资源共享、合作共赢的局面，提升人才培养的整体水平。

2. 基地功能的拓展与多样化

在校外人才培养基地的建设中，功能的拓展与多样化是提升实践教学质量的重要策略。传统的校外实践基地往往仅局限于为学生提供简单的实习岗位，这种单一功能无法满足当代高校对人才培养的多样化需求。因此，基地的建设必须围绕人才培养目标进行功能拓展，使其不仅能够承担实践教学任务，还能够在科研合作、创新创业等方面发挥作用。

（1）校外人才培养基地应积极拓展其科研功能。通过与企事业单位的合作，基地不仅可以为学生提供实践机会，还能够为高校教师和科研人员提供参与企业科研项目的机会，推动校企合作研发的深入发展。基地可以通过承接企业的技术难题和科研项目，促进教师科研成果的转化与应用，同时为学生提供参与科研的机会。这种以科研为导向的实践教学模式有助于培养学生的创新能力，使其在实践过程中不仅仅是知识的运用者，更是创新的参与者。

（2）基地的功能拓展还应包括创新创业教育。校外人才培养基地可以为学生提供创新创业的实践平台，通过与企业的合作，帮助学生在实践中学习企业管理、市场营销等技能，培养其创业意识与能力。基地可以通过设立创新创业孵化器，鼓励学生将实践中的创新想法转化为创业项目，从而提升学生的综合素质与就业竞争力。这种创新创业功能的拓展，不仅丰富了实践教学内容，也为高校创新人才的培养提供了重要支持。

（3）校外人才培养基地的功能拓展还体现在多学科、多领域的融合上。通过与不同行业、不同学科领域的合作，基地可以为学生提供跨学科的实践机会，促进其知识的综合运用与跨界思维的培养。多学科的融合有助于打破传统学科界限，提升学生的创新意识与整合能力，使其在未来职业生涯中能够更好地应对复杂多变的工作环境。

3. 校外人才培养基地的建设步骤

校外人才培养基地的建设是一个系统工程，必须按照科学合理的步骤进行规划与实施，确保基地建设的顺利推进。首先是基地合作伙伴的选择与确定。高校在选择合作单位时，应综合考虑其行业影响力、资源配置情况以及与高校的合作基础。合作单位的选择不仅要符合高校的人才培养目标，还应能够为学生提供高质量的实践资源，确保基地的实践教学质量。

在合作单位确定后，基地建设的具体实施步骤包括签订合作协议、搭建实践平台、设计实践教学内容等。高校与企业应通过签订正式的合作协议，明确双方在基地建设中的责任与义务，建立合作共赢的机制。在这一过程中，双方应根据各自的需求与资源进行合理分工，高校负责提供理论支持和教学设计，企业则负责提供实践场所、设备资源以及指导教师。

基地的实践平台搭建是建设过程中至关重要的一环。实践平台应具备多样化的实习岗位和完备的基础设施，能够为学生提供安全、稳定的实践环境。基地的实践平台不仅要满足基础的实习需求，还应根据学生的不同专业和学习阶段，提供分层次、递进式的实践内容。这种分层次的实践设计有助于学生在不同学习阶段逐步掌握专业技能，并通过实践不断提升综合素质。

4. 实践教学的多层次设计

在校外人才培养基地的建设过程中，实践教学内容的设计必须符合人才培养的阶段性需求，确保学生在实践过程中能够逐步提升专业技能与职业素养。因此，实践教学应采用多层次、递进式的设计，结合学生的学习进程和专业方向，提供分阶段的实践教学内容。

（1）基础实践阶段，主要针对低年级学生。在这一阶段，学生刚刚进入专业学习，对于行业的了解较为有限，因此实践内容应侧重于职业认知和基础技能培养。例如，通过组织学生参观企业、参与简单的岗位实践，帮助他们了解行业动态与职业要求，初步掌握基础操作技能。

（2）专业实践阶段，主要面向中高年级学生。在这一阶段，学生已经具备了一定的理论知识和专业基础，因此实践教学内容应更具专业性和复杂性。基地可以为学生提供与其专业方向紧密相关的实习岗位，帮助学生将理论知识应用于实际工作中，并通过面对实际问题的解决，提升其专业能力与创新能力。

（3）综合实践阶段，主要面向毕业班学生。在这一阶段，学生即将进入职场，实践教学的目标应侧重于职业技能的综合培养与就业能力的提升。基地可以为学生提供全职实习机会，帮助他们在真实的工作环境中完成从学生到职业人的过渡。这一过程中，学生不仅能够积累实际工作经验，还能够通过与企业的深度接触，为未来的职业发展积累人脉与资源。

5. 校外人才培养基地的管理与评价策略

校外人才培养基地的建设与发展需要科学的管理与评价策略，确保基地的运行能够持续为高校和学生提供高质量的实践教学服务。

（1）基地管理机制的建立与完善。基地应设立专门的管理机构，负责基地的日常运行与教学管理。管理机构应定期召开会议，协调高校与企业之间的合作，及时解决基地运行中的问题，确保实践教学的顺利进行。

（2）基地的教学质量保障机制是管理中的重要环节。基地应建立完善的教学质量评估体系，通过定期评估学生的实习效果和企业的反馈，确保实践教学的质量不断提升。基地的质量评估应涵盖学生的实践表现、指导教师的教学能力以及企业对实践教学的满意度等多个方面，确保评价结果的全面性与客观性。

（3）基地的激励与反馈机制是促进其持续发展的重要策略。高校与企业应通过设立奖学金、奖教金等激励机制，表彰在实践教学中表现优秀的学生与教师，激发他们的参与积极性。同时，基地应通过建立企业反馈机制，跟踪企业对毕业生的评价与需求，及时调整人才培养方案，确保基地的实践教学与市场需求保持一致。

（四）校外人才培养基地的管理与运行机制

校外人才培养基地的管理与运行机制是确保基地稳定发展和高效运作

的核心要素。在高校实践教学体系中，校外基地作为学生与社会实际工作接轨的重要平台，不仅承担着实践教学的关键任务，还直接影响着学生职业技能与综合素质的培养。因此，科学、规范的管理与运行机制对于基地的持续发展至关重要。有效的管理机制不仅能够确保基地的顺利运作，还能为基地的教学质量和创新发展提供重要保障。为了实现这一目标，必须从管理组织、运行流程、教学质量保障等多方面进行系统设计和完善。

1. 管理机构的设置与职责分工

校外人才培养基地的管理首先需要建立完善的组织架构，以确保基地的日常运作和长期发展具有明确的管理体系和责任分工。基地的管理机构通常包括基地指导委员会和常务管理委员会两个层次。指导委员会负责基地的整体规划与发展决策，确保基地的建设符合高校的战略目标和社会需求。该委员会通常由高校、合作企事业单位的代表以及相关政府机构人员共同组成，定期举行会议，讨论基地的长期发展计划和重大管理决策。

常务管理委员会则是基地日常运行的核心管理机构，负责具体事务的执行与协调。该委员会由基地管理人员、指导教师、企业代表等组成，负责基地的日常管理、教学活动的组织、资源的分配与协调等工作。管理人员的职责分工应明确，确保各个环节的工作能够高效有序地进行。例如，管理人员应负责学生实习安排、实践项目的实施、学生安全保障、教学评估等具体事务，以确保基地的运行顺利并为学生提供良好的实践教学体验。

2. 管理机制的健全与完善

基地的管理机制是确保其长期稳定发展的基础。在建设校外人才培养基地时，必须建立并不断完善多方面的管理机制，确保基地的各项运行有章可循，并具备应对突发情况和解决问题的能力。

（1）协议制约机制。校外人才培养基地的创建与合作关系通常基于高校与企事业单位之间的正式协议。为了保障合作的顺利进行，协议应明确双方

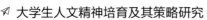

的责任与义务，包括基地的建设目标、学生的实践教学安排、企业的支持内容、高校的教学要求等。此外，协议还应包括关于基地运行经费的保障机制。高校和企业应共同承担基地建设与运行的相关费用，确保基地具备良好的实践教学条件和管理支持。通过签订协议，双方可以在合作过程中形成正式的制约关系，确保基地运行符合高校和企业的利益，同时为学生提供高质量的实践教学。

（2）教学质量保障机制。教学质量保障机制是确保校外人才培养基地有效发挥其教育功能的重要环节。在基地的管理中，必须建立严格的教学质量评估体系，涵盖教学过程、学生实习表现、企业反馈等多个方面。基地管理人员应定期对学生的实践活动进行评估，确保学生的实践内容与其专业学习紧密结合，并且实践任务具有一定的挑战性和创新性。同时，基地应设立专门的教学质量监督小组，负责监督和评估基地教学活动的质量，并及时向指导委员会反馈教学过程中存在的问题。

此外，企业的反馈机制在教学质量保障中同样至关重要。企业作为实践教学的直接参与方，其反馈不仅能够反映学生在实际工作中的表现，还能够为高校调整人才培养方案提供重要参考。因此，基地应通过定期的企业反馈会议或调查问卷，收集企业对学生实践能力的评价，并根据企业的意见对实践教学内容和方法进行优化。

（3）安全保障机制。学生在校外基地进行实践教学时，安全问题是管理工作的重中之重。基地管理机构应建立完善的安全保障机制，确保学生在实习过程中的人身安全和工作环境安全。首先，基地应对学生的实践场所进行安全检查，确保实践岗位的工作环境符合安全标准。其次，基地应为每一位实习学生提供基本的安全培训，帮助学生了解实践工作中的安全注意事项和应急处理方法。此外，基地还应为学生提供实习期间的意外保险，确保学生在发生意外情况时能够及时获得相应的保障和救助。

（4）激励机制。为了激励学生和教师在校外基地中积极参与实践教学，基地应建立完善的激励机制。对于表现优秀的学生，基地可以通过设立奖学金、推荐就业机会等方式进行奖励，鼓励学生在实践过程中不断提高自己的专业能力和实践技能。同时，基地也应为表现突出的指导教师提供奖教金或其他形式的奖励，激发教师在实践教学中的积极性和创造力。通过激励机制，基地能够增强师生的参与热情，进一步提高实践教学的质量和效果。

（5）反馈与改进机制。管理与运行机制中的反馈与改进机制至关重要，它直接决定了基地能否在实践中不断优化和进步。基地应建立起一套有效的反馈机制，通过定期收集学生、企业和教师的意见和建议，及时发现基地运行中的问题和不足。反馈内容应涵盖学生在实践中的表现、企业对实践教学的评价、教师在指导过程中的体会等方面。通过反馈机制，基地能够根据实际情况进行调整和改进，确保实践教学能够持续提升质量并满足社会需求。

此外，反馈与改进机制还应注重长效性。基地管理层应根据反馈内容制定长期的发展规划，并将反馈中的问题及时纳入基地的日常管理和运行改进计划中。通过这种动态的管理方式，基地能够不断优化实践教学模式和管理体系，确保其在长期发展过程中始终保持创新性和适应性。

3. 实施多样化管理模式

校外人才培养基地的管理模式应具备多样性与灵活性，以适应不同高校、不同学科的实践需求。根据基地的实际情况，可以采用不同的管理模式进行运营。例如，部分高校可以采用"校企联合管理"模式，由高校与企业共同负责基地的日常管理与教学组织工作。这种模式能够确保基地管理的专业性与实用性，企业能够及时根据行业变化调整实践教学内容，高校则能够在管理过程中确保教学质量的标准化。

另一种常见的管理模式是"区域联合管理"模式，多个高校与同一地区的企事业单位合作共建校外人才培养基地，形成区域性的实践教学联盟。这种模式能够有效整合区域内的教育资源和社会资源，提升实践教学的多样性和灵活性，打破单一基地的局限性。通过区域联合管理，学生可以在不同企业和行业之间进行轮换实践，进一步拓宽其职业视野和实践经验。

4. 实践教学活动的动态管理

为了确保校外人才培养基地能够持续为学生提供高质量的实践教学，基地的管理必须具备动态调整和灵活应对的能力。在管理过程中，基地应根据学生的学习进度和企业的实际需求，动态调整实践教学内容与方式。例如，基地可以根据企业的科研项目或生产需求，为学生设计针对性强的实践任务，确保实践内容的前沿性和创新性。同时，管理人员应定期与企业和学生进行沟通，及时了解学生在实践中的困难和需求，并根据实际情况对实践计划进行调整。

在基地运行的过程中，管理人员还应注重数据的收集与分析，通过对学生实践表现、企业反馈、教学质量评估等数据的系统分析，找出基地运行中的优势和不足，并据此制定相应的改进措施。这种数据驱动的动态管理模式不仅能够提高基地的管理效率，还能够确保实践教学的持续优化和创新。

第二节　促进社会实践与志愿服务的融合

一、学生社会实践和志愿服务的育人作用

（一）大学生社会化进程的助推器

社会实践与志愿服务作为高校培养学生的重要环节，为大学生社会化提供了关键支持。这些活动的广泛开展、岗位种类的丰富性以及形式的多样化，使学生在实际工作中得以充分锻炼，强化其社会化能力。通过积极参与社会实践与志愿服务，学生不仅能够在真实社会环境中扮演各种角色，还能够在不同的岗位实践中提升对多角色意识的理解。这种多层次、多维度的实践经历，为学生提供了丰富的社会资源，帮助他们更好地适应不同职业的角色定

位，促进了他们在未来职业发展中的社会融入。这些实践活动不仅是对学生学术理论知识的延展，更是对其社会角色的现实演练。通过实际的工作和任务分配，学生在社会互动中逐步确立自我角色，增强了对社会规范和期望的认知。这种认知不仅为学生职业生涯中的角色扮演打下了坚实的基础，同时也加深了他们对社会责任感和集体意识的理解。社会实践和志愿服务的多元性为学生提供了充分的锻炼机会，有效提升了他们的组织协调能力、沟通技巧以及问题解决能力，促进了个体与社会的双向互动。

随着社会实践活动的深入开展，学生在参与社会事务中逐渐增强了个人与社会的联系。通过实践，学生能够从更广泛的社会视角中理解社会结构和动态变化，这不仅有助于其学术能力的提升，还为学生未来在社会中扮演积极、建设性的角色提供了坚实的基础。社会实践为大学生在未来工作和生活中进行角色转换和身份认同提供了有利的条件，进一步推动了大学生社会化进程的加速。

（二）综合素质培养的关键路径

综合素质的提升不仅依赖于课堂教学中的理论学习，更需要通过实际操作与社会互动来实现。社会实践与志愿服务作为高校培养体系中的重要组成部分，构成了大学生综合素质培养的关键路径。这一过程将理论知识外化为实践行动，为学生提供了将课堂所学付诸现实的机会，在具体情境中逐步形成对社会、对自我的深刻理解。通过实际参与社会事务，学生不仅加深了对理论知识的理解和应用，还在与社会的接触中提升了多方面能力，促进了个人的全方位发展。这一平台的独特性在于其双向作用：一方面，学生通过实践活动锤炼了思维方式，巩固了理论基础；另一方面，通过承担社会责任和解决实际问题，学生的社会意识和责任感得到了明显增强。这种结合了理论与实践的教育模式，使学生在社会互动中体验到真实的社会需求与挑战，从而激发其主动性与创造性，形成了综合能力的显著提升。实践中的历练不仅强化了学生的适应能力和抗压能力，还使他们在实际工作中掌握了沟通与协

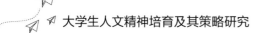

作的技巧，这些能力在未来职业发展中显得尤为重要。

实践活动不仅是素质培养的有效工具，也是学生与社会之间的桥梁。通过广泛的社会接触，学生逐步增强了对社会结构和运作机制的认知，形成了更具社会责任感的价值观念。在参与实践的过程中，学生的心理素质、实践动手能力以及面对复杂环境的应对能力都得到了显著提升。这种多层次的素质锻炼，为未来步入社会做好了充分准备，使学生能够更快适应社会环境，担当起更大的责任与使命。

社会实践与志愿服务的广泛开展不仅为学生的综合素质提升提供了丰富的资源和平台，还有效促进了学生的全面成长。在理论与实践的交互作用中，学生不仅提升了自我认知与社会认同，还培养了独立思考与解决问题的能力。这些实践经验为未来职业和生活中的成功奠定了坚实的基础，使社会实践成为大学生综合素质提升的核心环节与重要途径。

（三）思想政治教育实效性的提升路径

社会实践与志愿服务作为高校思想政治教育的关键载体，显著增强了思想政治教育的实效性。学生在社会实践和志愿服务中，通过主动参与社会事务，将个人发展与国家需求、社会利益紧密联系。这种参与不仅深化了学生对社会责任的理解，还促使其在实际工作中检验和应用所学的专业知识。更为重要的是，在与社会的深度互动中，学生的思想意识得以升华，人生价值观得到深化，为思想政治教育的核心目标提供了有力的支持。

社会实践的育人功能通过理论与实践的结合得以充分体现。学生在真实的社会场景中面对具体问题，理论知识不再仅仅停留在书本层面，而是成为解决实际问题的工具。这种理论与实践的统一，使思想政治教育不再是单向的灌输，而是一个双向互动的过程。学生在实践中加深对理论的理解，同时也在实际情境中检验并重构自身的思想观念。通过这种过程，思想政治教育的亲和力和感染力得到了增强，使其在新时期具备更强的实践针对性。

实践活动的价值还在于其服务育人的功能。在志愿服务中，学生通过服务他人、服务社会，不仅锻炼了自身的能力，还在这一过程中提升了自我认知，强化了社会责任感和集体意识。服务育人模式的应用，使思想政治教育的内容更加贴近学生的现实生活，使学生在服务社会的过程中潜移默化地受到思想教育的影响，从而有效提升了思想政治教育的实效性。

通过社会实践与志愿服务，思想政治教育的理论体系得到了更为广泛的应用平台，学生的思想观念在现实中得以具体体现。这不仅增强了思想政治教育的亲和力，也使其在实践中展现出更强的教育感染力。理论与实践的融合构建了一个全新的教育模式，使学生在实践中不断提升思想水平，为新时期思想政治教育的深入推进奠定了坚实基础。

（四）专业技能培养的关键机制

社会实践与青年志愿者活动为学生提供了将理论知识与实践相结合的重要平台。在参与这些活动的过程中，学生不仅能够充分运用所学的科学知识和专业技能，还能够在实践中体验自主权的赋予，进而设计和实施活动方案。这一过程有效促进了专业知识的实际应用，提高了学生的专业实践能力。在检验与评估自身专业知识的薄弱环节时，学生能够识别出需要进一步提升的领域，激发其学习专业知识的兴趣和热情，从而树立起正确的专业思想。

参与社会实践与志愿服务的过程为学生提供了丰富的学习机会，使他们明确学习目标，端正学习态度，积极丰富和完善个人的知识结构。这种学习不仅限于书本知识的获取，还包括在实际操作中形成的对专业技能的深刻理解与掌握。通过这种自我驱动的学习方式，学生能够更好地适应社会实践和志愿服务的需求，提升自身的专业技能。

社会实践与志愿服务同样是学生向社会和他人学习的重要途径。在面对挑战时，学生常常需要借助外部资源和他人的经验来应对困难，这种情况推动学生自发探索新知识，培养新技能。在这一过程中，学生获得的实践能力超越了课堂所教授的内容，使他们在真实的社会环境中磨练出独特的应对能力。通过参与这些实践活动，学生不仅提升了自身的专业素养，也为未来的

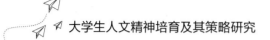

职业发展奠定了坚实的基础。

二、志愿服务社会实践基地建设的必要性

志愿服务社会实践基地在大学生培养社会主义核心价值观和开展志愿服务活动中扮演着重要角色。该基地作为大学生参与社会服务的"根据地",为其提供了一个实践平台,使学生能够有效地将所学知识与社会需求相结合。

建立高效的志愿服务社会实践基地,能够更好地促进大学生的全面发展,为培养"德才兼备"的社会主义建设者和可靠接班人奠定坚实基础。通过系统化的实践,学生的价值观、人生观和世界观在参与社会服务的过程中不断得到升华,从而更有效地为实现社会的可持续发展贡献智慧与力量。

(一)促进大学生社会主义核心价值观的培育与实践

在新时期,高校德育的核心任务在于大学生社会主义核心价值观的培育。社会主义核心价值观具备实践性特征,其真正的内涵与价值在于通过实际行动进行体现。因此,大学生对社会主义核心价值观的认知和理解,必须依赖于社会实践的参与,以确保这些价值观念能够在内心深处扎根,并在日常行为中得以展现。

志愿服务社会实践基地作为大学生参与志愿服务的重要平台,具备承载社会主义核心价值观培育的独特功能。这些基地不仅为大学生提供了广泛的社会服务项目,还能够有效促成思想政治教育与品德修养的结合。通过建设具备多样化服务功能的志愿服务社会实践基地,大学生能够在"为群众办实事、做好事、解难事"的实践活动中,深化对社会主义核心价值观的理解和认同。

在志愿服务的过程中,大学生不仅能够接受教育和锻炼,提升个人能力与素养,同时也能增强自身的社会责任感和奉献精神。这种参与不仅是对自我价值的实现,更是对社会的积极贡献。通过志愿服务,大学生在体验"奉献、友爱、互助、进步"志愿精神的同时,逐步将社会主义核心价值观内化于心、外化于行，形成与社会的紧密联系。

有效的志愿服务社会实践基地建设，为大学生的价值观培育创造了良好的环境。通过参与志愿服务，学生能够在实践中不断锤炼思想、提升素养，进而实现对社会主义核心价值观的深刻理解与自觉践行。这不仅为学生的全面发展奠定了基础，也为构建和谐社会贡献了青春力量。

（二）保障志愿服务社会实践的常态化与专业化

志愿服务社会实践的常态化在于大学生志愿服务活动的频繁开展与高校组织的持续性支持。通过经常性的志愿服务活动，大学生能够将志愿服务的精神内涵转化为个人的价值追求，在潜移默化中深化对社会主义核心价值观的理解与认同。这一过程不仅能够促进学生的思想政治素养，也为其综合素质的提升创造了条件。同时，只有长期组织志愿服务社会实践，高校才能形成独具特色的实践育人模式和丰富的实践育人文化，进而增强教育的有效性。

志愿服务社会实践的专业化则体现在大学生开展专业性志愿服务的形式上。此类服务不仅包括志愿者利用自身专业特长开展相关活动，还涵盖志愿者接受与社会需求相匹配的专业知识与技能培训。通过这种专业化的路径，志愿服务不仅提高了服务的质量与群众的满意度，也增强了志愿者的成就感与自豪感，促进其价值观的升华。专业化在志愿服务中的运用，有助于提升整体服务的专业水平，使得志愿者能够更有效地满足社会的多样化需求。

为保障志愿服务社会实践的常态化与专业化，高校需要建立一定数量的志愿服务社会实践基地。这些基地不仅为志愿活动的开展提供支持，也为大学生的实践育人提供了良好的环境与条件。通过科学规划和有效管理，志愿服务社会实践将能够在高校教育中发挥更为积极的作用，推动学生全面发展，提升其社会责任感与实践能力。这一保障措施为实现志愿服务的长效机制提供了基础，使得志愿服务的精神在校园及更广泛的社会中得以传播与践行。

（三）加强志愿服务社会实践规范化管理的必要性

志愿服务社会实践作为高校组织的实践育人活动，其规范化管理是确保活动长期、有序和有效开展的关键所在。规范化管理涵盖服务场所、服务项目、服务形式、服务过程、服务质量及服务安全等多个方面。缺乏相对稳定的实践基地，志愿服务社会实践难以建立长效机制，进而导致活动的无序进行，管理措施的落实也因此变得困难。

高校应当积极建设志愿服务社会实践基地，以实现对志愿服务活动的系统管理。这种管理不仅能够提升志愿服务的质量和社会效益，还为实践育人的有效实施提供了保障。在建立基地体系和管理体系的基础上，高校能够有序地开发志愿服务项目，确保其合理实施与持续改进。这一过程不仅促进了志愿服务精品项目和示范基地的建设，也增强了志愿服务的影响力和可持续性。

加强志愿服务社会实践的规范化管理，能够有效整合资源，优化服务流程，提高服务效果。通过科学的管理机制，志愿服务的各个环节可以更加协调，从而提升整体服务的专业性和质量。规范化的管理体系将为志愿者提供清晰的指导和支持，促进其在服务过程中的积极参与，进而提高志愿服务的整体水平与社会认可度。这一管理措施不仅为志愿服务的可持续发展奠定了基础，更为高校的实践育人目标的实现提供了有力支持。

三、志愿服务社会实践基地建设的基本原则

（一）因地制宜原则

因地制宜原则为大学生志愿服务社会实践基地建设提供了根本指导，强调高校需根据自身学科专业特点与地方社会需求相结合，以服务当地城乡社区为核心目标。志愿服务活动通常由志愿者在业余时间和假期开展，若所建设的基地远离高校的地理位置，势必会对志愿者的服务造成时间和距离上的

限制，影响志愿服务活动的有效安排与管理。

当基地的功能类型与大学生所具备的专业能力及社会适应能力不匹配时，志愿者在开展服务时可能面临能力不足的困境，从而对高校的形象与声誉产生负面影响。因此，高校在建设志愿服务社会实践基地时，必须遵循因地制宜原则，合理规划和设计具备多样服务功能的实践基地，以确保志愿者能够在熟悉的环境中充分发挥其专业技能与社会责任感。这种建设方式不仅为大学生提供了适宜的服务平台，还能够有效促进其社会实践能力的提升。

在条件允许的情况下，高校可以考虑在同一社区内建设多个功能多样的志愿服务社会实践基地，这种多元化的服务体系有助于更好地满足社区的多样需求，同时也为志愿者提供了更多的参与机会。通过落实因地制宜原则，高校能够在志愿服务的推进过程中，提升服务质量与社会效益，从而为社会发展贡献更大的力量。

（二）分批建设原则

分批建设原则为高校志愿服务社会实践基地的发展提供了系统性框架，强调在制定建设规划时应结合实际情况，逐步实施与完善。该原则基于志愿服务社会实践基地功能定位的多样性及其对志愿者服务能力的不同要求，明确了分批建设的必要性。

考虑到高校志愿者的服务能力，包括非专业和专业能力的构成情况，结合社区的社会服务需求，按"能力对接"原则进行分批规划与建设显得尤为重要。对于那些仅需志愿者提供非专业能力的基地，能够整合到同一批次进行建设规划。相较之下，涉及专业能力的服务需求则需要按院系或专业类别进行更为细致的批次划分，以确保基地建设能够有效满足社区的具体需求。

科学规划与实施志愿服务社会实践基地建设，要求高校在实际操作中充分考虑自身资源和当地社区的服务需求，通过综合论证与统筹协调，建立起符合自身特点的志愿服务体系。通过分批建设原则，高校能够在优化

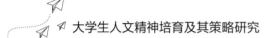

资源配置的同时，确保志愿服务的有效性与持续性，推动志愿服务工作的深入开展。

（三）调研遴选原则

调研遴选原则为高校志愿服务社会实践基地的建设提供了系统化的指导，强调在基地建立之前，必须进行广泛的城乡社区社会服务需求调研。这一过程有助于高校全面了解社区的实际需求和建设意愿，以便在基地的选址和功能设计上做出科学合理的决策。

建立志愿服务社会实践基地并非总能获得所有社区的响应与支持，因此高校需主动深入到各个社区进行调研，获取有关服务项目、服务时间、内容、参与人员及基础设施条件的详细信息。这种信息收集不仅为基地的建设提供了坚实的基础，还确保了服务功能的针对性和有效性。

在遴选过程中，应优先考虑那些对基地建设表现出强烈意愿的城乡社区，通过综合评估高校志愿者可提供的服务项目与社区实际需求之间的匹配度，从而确保所建设的基地能够真正实现其预定功能。这种匹配不仅提升了志愿服务的有效性，也促进了社区对志愿服务的认同与支持，为基地的长期运作奠定了良好的基础。

通过有效的调研与精准的遴选，高校可以建设出既符合社区需求又具备基本服务条件的志愿服务社会实践基地，进而推动大学生参与社会服务的积极性，促进其社会责任感与实践能力的提升。

（四）双向受益原则

双向受益原则强调志愿服务社会实践基地建设过程中高校与社区之间的相互利益关系。对于高校而言，志愿服务社会实践基地提供了一个实践育人的重要平台，使大学生在参与社会实践中能够接受教育、提升能力、贡献力量，同时树立正确的世界观、人生观和价值观。这一过程不仅有助于大学生的全面发展，还有助于培养他们成为中国特色社会主义事业的合格建设者和可靠接班人。

社区同样能够从志愿服务社会实践基地中获得实质性的益处。基地为社区居民提供了多样化的服务，增强了基层社区对居民的关怀感和归属感。这种服务不仅提升了社区的凝聚力和号召力，还在群众中树立了基层社区的良好形象，有助于提升群众对党和政府的信任。通过有效的服务，社区居民能够切实感受到来自志愿者的支持与帮助，促进社会和谐与稳定。

坚持双向受益原则要求高校与社区在志愿服务项目的设计与实施过程中，必须实现有效对接。高校应关注社区的实际需求，建立相应的服务项目体系和质量保障体系，以确保志愿服务活动能够满足社区的特定需求，从而实现真正的互惠共赢。这一原则的贯彻不仅促进了高校的育人目标，也增强了社区的服务能力，推动了社会的全面进步与发展。

（五）校社共建原则

校社共建原则强调高校与社区之间的协同合作，以有效推动志愿服务社会实践基地的建设。尽管基地建设并非传统意义上城乡社区的职责所在，但社区普遍表现出为居民提供优质服务、提升社区满意度的强烈意愿，这为基地建设提供了良好的支持环境。

在落实校社共建原则的过程中，高校需将志愿服务社会实践基地建设纳入整体人才培养战略的框架中，给予相应的人力、财力及物资支持。与此同时，高校应积极与相关社区建立稳定的合作关系，共同确定基地的服务功能，商议具体服务项目，深入研究建设方案，提供必要的服务条件，并协作指导服务实施及评估过程。通过这样的合作，可以确保基地在功能定位、服务条件及效果等方面达到高标准，进而提升社区居民的满意度与参与感。

校社共建原则的有效实施，有助于形成高校与社区之间的良性互动，不仅提升了志愿服务的质量与效率，还促进了社会资源的优化配置，推动志愿服务活动的可持续发展。通过这种共建模式，志愿服务社会实践基地将能够更好地满足社区需求，培养学生的社会责任感和实践能力，推动其全面发展。

四、大学生社会实践和志愿服务的可持续发展机制

高校大学生的社会实践与志愿服务在推动学生社会化进程、提升综合素质、扩大学校影响力、增强思想政治教育效果以及提高专业技能等方面的育人功能具有显著的影响。这些活动不仅为学生提供了实践经验，还促进了他们对社会责任感的认知与理解。通过参与志愿服务，学生能够培养奉献精神与团队合作意识，进而增强个人的社会适应能力与创新能力。此种互动不仅有助于学生的个人成长，也提升了高校的社会服务能力与影响力[①]。

尽管社会实践与志愿服务的重要性愈发突出，当前在管理机制及实践基地建设方面仍然存在诸多问题。许多高校尚未建立健全的管理体系，导致志愿服务活动的组织性和有效性不足。此外，缺乏固定的实践和志愿服务基地，限制了学生参与活动的深度与广度。这些因素不仅影响了学生的实践体验，也削弱了社会实践与志愿服务的育人效果。

为实现学生社会实践和志愿服务的可持续发展，必须建立科学的机制，确保活动的系统性与连贯性。高校需从制度层面加强对社会实践与志愿服务的支持，设立专门的管理机构，制定明确的活动规划与目标。同时，应建设稳定的实践与志愿服务基地，为学生提供多样化的实践平台与机会，确保活动的持续性与高效性。通过构建这些有效机制，能够更好地发挥社会实践与志愿服务的育人功能，培养出更多具有社会责任感和专业能力的栋梁之材，推动社会整体发展与进步。

（一）转变观念：推动社会实践与志愿服务的重要前提

社会实践和志愿服务在提升学生综合素质和就业能力方面发挥着至关

① 薄爱敬. 论大学生社会实践和志愿服务可持续发展的有效机制 [J]. 学校党建与思想教育，2011（18）：110-111.

重要的作用。对此，高校社会实践与志愿服务的组织者必须首先转变观念，提升对这一重要性的认识。通过强化宣传力度，利用电视、广播、报刊和网络等多种媒介，能够有效传播社会实践与志愿服务的典型案例与深远意义，从而引导学生积极、自愿地参与到这些活动中。这种意识的提升，有助于促进社会实践与志愿服务的广泛开展，为其更大规模的发展奠定基础。

建立相应的制度和机制是转变观念的重要组成部分。高校应制定明确的规划，通过设立学分制度和合理配置师资力量，增加对社会实践与志愿服务的资金投入，使其成为课堂教学的必要延伸与有效补充。此种制度安排不仅有助于增强学生参与的积极性与主动性，还能营造良好的实践育人环境，确保社会实践与志愿服务活动的可持续性与有效性。

在提升观念的过程中，还需强调社会实践与志愿服务在学生个人发展与社会责任感培养中的双重功能。通过科学的组织与管理，可以实现学生、学校与社会的三方共赢，推动学生在实践中成长为具有社会责任感和专业能力的人才。转变观念的过程不仅是思想的更新，也是对未来教育发展方向的积极响应，为社会培养更多适应时代需求的栋梁之材奠定了基础。

（二）机制创新：保障社会实践与志愿服务的可持续发展

机制创新在社会实践与志愿服务的实施过程中扮演着至关重要的角色。

第一，有效的管理机制。高校需构建系统化的管理制度，以确保计划、组织和实施的全过程有序进行。在此背景下，领导机制的建立尤为重要，需形成校党委领导下，多个职能部门和学生组织协同合作的管理体系，推动实践资源的整合与互动。此外，目标机制的设定对于引导学生积极参与社会实践与志愿服务至关重要。通过正确引导学生态度，培养其在实践中成长和发展的观念，可以有效提升参与的积极性和实效性。动态电子资料库的建立也将有助于记录志愿者的基本信息与服务效果，为后续的管理与优化提供数据支持。

第二，考核激励机制。构建科学合理的考核体系，不仅需对参与活动的数量与质量进行全面评估，还应涵盖策划能力、内容创意及团队合作等方面。引入优胜劣汰机制，对表现优异的学生给予精神和物质上的激励，将有助于增强学生的参与动机和责任感。此外，制度与学生的德智体综合测评、奖学金评定，以及就业推荐等方面的挂钩，将进一步促进社会实践活动的开展。

第三，投入机制。资金问题直接影响社会实践与志愿服务的持续性与广泛性。高校应设立专门的基金委员会，确保每年有足够的资金支持实践活动的开展。拓宽资金来源，例如，通过联系优秀校友及与其所在单位的合作，能够为学生提供更多实践机会。加大宣传力度以获得社会各界的支持与帮助，建立大学生志愿服务专项基金，减轻高校财政压力，使社会实践与志愿服务能够在多方支持下深入开展。

第四，保障机制。应将社会实践纳入课程体系，使其成为高校教育教学的重要组成部分。强化实践指导教师的培训，提升其指导能力，将有效促进实践活动的质量与成效。此外，加强对志愿服务的法律法规研究，能够有效维护大学生志愿者的权益，消除其后顾之忧，从而进一步推动社会实践与志愿服务的健康发展。通过这些机制的创新与完善，可以为社会实践与志愿服务的可持续发展提供有力保障，培养出更多适应社会需求的人才。

（三）专业结合：推动社会实践与志愿服务的有效实施

在开展社会实践与志愿服务的过程中，专业结合被视为关键要素，能够有效地突出专业特色并促进教育的整体性。通过将实践活动与专业学习紧密结合，不仅可以实现课堂教学与实践环节的无缝衔接，还能增强教育过程的连续性。此种结合有助于学生在实际社会环境中激发对所学专业的兴趣，巩固其专业理念，提升专业技能，从而更好地服务于社会，体现教育的根本价值。

高校应积极探索专业结合的方式，以确保社会实践与志愿服务的开展符合学生的专业需求。在这一过程中，需找到学生、学校与社会之间的动态平衡点，实现三方的共赢。通过明确专业领域的需求，学校可以指导学生在参与社会实践与志愿服务时，充分发挥专业优势，确保所提供的服务具有实用性与针对性。这种有序联动不仅增强了学生的实践能力，还能够为社会提供更为有效的服务。

专业结合的推进还需关注教师的参与与支持。教师在指导学生进行社会实践与志愿服务时，应充分考虑专业背景和社会需求，通过引导与培训，提高学生的实际操作能力。教师与学生的密切合作能够形成良好的教育生态，使得专业知识的传递与实践的应用相辅相成。这样的互动关系，促进了学生的全面发展，并进一步增强了教育的实际效果。

因此，专业结合在社会实践与志愿服务的实施过程中，不仅是教育过程的重要组成部分，更是提升学生综合素质和实践能力的有效途径。通过构建以专业为基础的实践体系，能够实现教育的价值追求，推动学生在社会实践中"长才干、作贡献"，为其未来的发展奠定坚实的基础。

（四）基地建设：社会实践与志愿服务的支撑平台

社会实践与志愿服务的基地作为组织学生开展相关活动的重要支撑，发挥着不可或缺的作用。构建稳定且多元的实践基地，能够确保学生在校期间长期参与社会实践，而非仅限于暑期活动。这一持续性不仅为实践育人的功能提供了保障，还能有效提升教育成效。因此，建立相对固定的社会实践和志愿服务基地显得尤为重要。

为实现这一目标，必须与用人单位及社会各界建立长期合作关系，形成合作共建的良好局面。在此基础上，学校应主动联系城市社区、农村乡镇及企事业单位，依据地方发展需求与大学生成长的双重目标，建立多样化的实践基地。这种合作不仅能满足学生的实践需求，还能为地方经济和社会发展贡献力量，实现双向受益。

在实践基地的运行机制上，应注重创新。通过有效的管理与支持，实践基地可以转变为学生走出校园、融入社会的有效平台。这种平台的建设，不仅为学生提供了实践机会，还能增强他们的社会责任感和实践能力，进一步推动学生全面发展。

基地建设作为社会实践与志愿服务的重要依托，不仅为学生的实践活动提供了物理空间，更为教育的可持续发展奠定了坚实基础。通过合理的规划与持续的投入，实践基地将成为学生成长与成才的重要舞台，助力其在真实的社会环境中汲取经验、提升素质。

第三节　构建校企合作的人文教育平台

一、基于校企合作的创新人才培养模式

（一）校企合作创新人才培养模式的必要性

校企合作作为实现高等教育与行业发展有效对接的重要途径，已被广泛认可为创新人才培养模式的关键。国家中长期教育规划及发展纲要明确指出，优化校企合作机制、发挥政府主导作用以及激励企业参与是提升教育质量的核心要素。这一政策导向不仅为教育机构提供了清晰的战略框架，也为企业参与人才培养提供了制度保障。

为更好地适应经济发展的新需求，校企合作必须从传统的就业推荐和顶岗实习模式，转向多元化的合作模式。这种转变涉及从单一企业合作向多企业合作的扩展，通过广泛的行业参与，形成强有力的合作网络。同时，合作内容也应从简单的实习安排，向共同制订教学计划的深度合作转型，确保课程设置能够有效反映行业最新发展动态与需求。此种合作不仅有助于提高学生的实践能力和职业素养，还能增强学校的课程吸引力和市场适应性。

实现这种深层次的合作，需要校企双方共同构建利益驱动机制。学校应关注与企业的共同利益，通过与企业建立命运共同体，推动双方在人才培养和科技创新方面的协同发展。企业的参与不仅是资源的提供，更在于对人才培养方向的引导与实际需求的反馈。通过有效整合资源，校企合作模式能够实现教育与经济的双向促进，为学生的成长与行业的进步奠定坚实基础。这种以"产学研"协同发展的模式，不仅是推动校企合作创新人才培养的有力手段，也是满足社会多样化需求的重要路径。通过建立更为紧密的合作关系，校企双方能够在教育与实践之间架起桥梁，共同培养出适应时代要求的高素质复合型人才。

（二）校企合作创新人才培养模式的重要意义

在全球化和集团化趋势愈加明显的市场环境中，企业之间的竞争日益集中于人才和科技的争夺。这一背景下，将科技开发、科学研究与高素质人才培养相结合，显得尤为重要。高校与企业的紧密合作不仅能够增强企业在竞争中的主动性，还为高校的生存和发展提供了新的动力。通过加强与企业的协作，高等院校能够更有效地对接社会需求，确保教育内容与行业标准的同步更新。

大学生的职能多样性要求高等院校必须积极开展多元化的社会服务活动，充分利用企业的技术、设备、资金及经验，以实现双向的互惠共赢。创新型的校企合作模式应侧重于培训技术人才、管理人才以及一线工程管理人才，从而为社会培养出综合性人才。这一模式通过促进高校与企业之间的持续合作，构建了一条适应社会需求的有效路径。

全面素质人才的培养应具备一系列重要特征。这些人才不仅需在研发新产品、程序及系统的团队中发挥各自特有的技能，更应具备扎实的理论知识和广泛的文化素养。灵活的动手能力和丰富的实践经验也是其不可或缺的组成部分，这些特质共同构成了新模式下的复合型人才标准。

基于校企合作的创新人才培养模式为满足现代社会对综合性人才的需

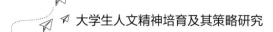

求提供了强有力的支持。通过建立稳固的校企合作关系，不仅促进了教育资源的有效配置，更为学生的实践能力和创新思维的培养创造了良好条件。最终，培养出的综合型人才将更好地适应快速变化的社会与经济环境，推动社会的持续发展。

（三）校企合作的创新人才培养模式的目标

1. 理论教育与实践教育的有效融合

理论与实践的结合在高等教育中被视为关键的教育理念，尤其在应用型人才的培养过程中尤为重要。这一理念强调理论知识与实践经验之间的相互联系，通过实践深化对理论的理解，使学生能够在真实的情境中验证和运用所学知识。在系统性地掌握各门学科的专业知识的基础上，学生需要将这些理论知识转化为实际操作能力，从而实现知识的有效应用。

社会实践作为理论与实践结合的重要形式，其价值日益凸显。通过参与社会实践，学生不仅能够巩固自己的理论基础，还能在实际操作中提升解决问题的能力。这一过程显著增强了学生的专业素养，使其能够更好地应对未来职业生涯中的各种挑战。校企合作为实现这一目标提供了重要的平台，通过与企业的紧密合作，学生得以在实践中学习，弥补传统教育模式中存在的理论与实践脱节的问题。在这一融合过程中，学校有责任把握住机遇，积极推动实践教育的发展，以实现学生全面发展的目标。通过接触真实的工作环境，学生不仅对即将从事的行业有了全面的了解，还能够在实践中培养出强烈的事业心、责任感以及劳动观念。这种全面的职业素养将为学生未来的成功奠定坚实的基础，确保其在竞争日益激烈的市场中具备良好的适应能力和专业素养。

2. 通才教育与专业教育的有效结合

在当代高等教育体系中，通才教育的理念逐渐受到重视，尤其是在实用型人才的培养上。当前，尽管许多教育机构仍主要专注于专业教育，强调理论知识的传授，但往往忽视了实践锻炼和职业道德素养的培养。这种单一的教育模式与企业对综合型人才的需求存在明显的不匹配，导致学生在进入职场时缺乏多方面的能力和素质。因此，探索通才教育的有效实施显得尤为重要。

通才教育不仅关注专业技能的培养，更强调知识的广泛性和适应性。它致力于在理论学习的基础上，注重学生的综合素质提升，以满足现代社会对多元化人才的需求。通过校企合作，学生能够在企业中获得实际的工作体验，了解行业动态，从而拓宽视野，增强适应能力。这种实践经验为学生提供了一个将理论与实践相结合的机会，促进其综合素养的全面发展。

在校企合作的框架下，学校与企业可以共同设计课程和实践项目，确保教育内容与市场需求相对接。通过这种模式，学生不仅能够掌握专业知识，还能培养出良好的沟通能力、团队合作精神和职业道德。这一结合不仅提升了学生的职业竞争力，也为企业提供了所需的人才资源，形成了双向受益的良好局面。通才教育与专业教育的有效结合，将为学生的未来发展创造更多的可能性和机遇。

3. 人文教育与科学教育的有效融合

在当前经济与社会发展的背景下，培养既具备高技能素质又拥有深厚人文素养的优秀人才已成为企业和高等教育机构的共同目标。人文教育与科学教育的有机结合，将促进综合素质教育的全面实施，以应对复杂多变的市场需求与社会挑战。对应用型专业人才的培养，应当从单一的技能培训扩展至涵养人文精神，倡导"既会做事，又会做人"的教育理念。这一融合不仅关乎个体能力的提升，也有助于增强企业的凝聚力和文化内涵。高素质人才不仅需要具备扎实的科学知识和技术能力，更应在思维方式、价值观念和道德修养等方面具备广泛的文化视野。这种人文素养的提升，能够在潜移默化中增强员工的责任感和使命感，从而为企业的持续发展提供动力。

在校企合作的框架下，教育工作者与企业应共同创造多元化的学习环境，使学生在实践中得到锻炼与成长。通过在不同场所的角色互换，学生能够更深入地理解社会的需求，提升自我认知和适应能力。这种互动将使学生不仅在专业技能上得到提升，还能丰富其人生经历，增强其文化品位和人文关怀，从而更好地为未来的职业发展做好准备。人文教育与科学教育的融合，必将为培养全面发展的应用型人才奠定坚实的基础。

（四）校企合作创新人才培养模式的实施

1. 校企合作的条件分析

校企合作的成功实施依赖于双方需求的充分理解与分析。在现代经济环境中，科技创新与人力资源的优势成为企业提升核心竞争力的关键要素。高校作为培养高素质人才与进行科研创新的主要力量，肩负着重要的社会使命。科研与人才的双重资源构成了企业与高校合作的桥梁。在激烈的市场竞争背景下，企业与高校的协同合作成为扩大经营范围、优化人才培养和提升产品质量的必然选择。这一过程不仅能满足企业对高素质人才的需求，也能为高校的教学和科研提供实践依据和反馈。

高校在实现高素质实用型人才培养目标时，单纯依赖课堂理论教育已显得不足。仅靠传统的教育方式难以适应现代市场的变化与需求。高校必须积极走出校园，深入企业，了解市场动态，借助企业的合作为切入点，提升学生的实践操作能力。通过与企业的紧密联系，学生能够获得更多的实践机会，这将直接提升其社会认可度和职业竞争力，确保高校的可持续发展。

在合作目标的设定上，企业与高校应明确各自的着力点。企业方面，重点在于构建覆盖社会各个层面的宣传平台，建立技术培训基地，完善售后服务体系。基于潜在市场需求，企业应针对性地投入专项资金，用于项目研发、教材开发及技能大赛的举办，从而实现可持续的人才引进与培养。

高校方面，教师的培训与实践经验的积累显得尤为重要。学校需要高端引领与实用经验的结合，推动课题研究和实践实验的开展。同时，建立实习基地和完善课程培养体系也是必要的举措。通过实训大赛的检验，学校可以有效评估学生的实际能力，为人才的培养提供反馈与改进依据。这种多层次、多维度的合作目标，将促进校企双方在教育与实践中的共同进步。

2. 校企合作的组织实施

在校企合作的实施过程中，设立专门的调度机构对于推动合作的顺利进行至关重要。学校与企业应在互利共赢的基础上，签署详细的校企合作协议，以明确双方的责任与义务。此类协议不仅有助于共同探讨人才培养的运作模式，也能促进资源的共享与整合。通过聘请企业高层担任学科专业建设的指导委员，双方可在战略层面上形成良好的合作机制，进而共同推进校企合作的各项事务。

校企双方的挂牌仪式在此过程中也具有重要意义。企业在学校挂牌，不仅可以宣传企业文化，还能明确校企合作的性质与成果，从而构建发展命运共同体。与此同时，学校在企业挂牌则有助于界定合作场所，提升学校的社会认知度，并为校企合作设立专门的驻地，促进资源的融合与共创。这一系列举措的实施，进一步强化了双方的合作关系。

在具体业务开展方面，企业在学校的业务活动包括成立售后技术服务办公室，吸纳专业教师参与技术培训，以提高实践操作能力。通过设立区域师资培训基地，企业不仅可以协助学校对新教师进行免费培训，还能够举办以企业冠名的专业技能大赛，以选拔和培养优秀的技能实用人才。同时，与学校共同申请省级及以上科研规划课题，构建产学研一体化的实训课程体系，形成良性互动的教育生态。

学校在企业的业务开展则以工学交替的教学模式为基础，企业应接纳学校学生进行实习，并组织一线工人对学生进行指导与评价。通过协助学校在企业内设立就业实训基地，教师也能够定期走向生产一线进行业务培训。此外，学校与企业可共同申请科研项目，并参与产学研活动，为教师提供丰富的研究生论文素材。

校企双方共同开展的业务则包括在校园内推广企业产品、争取科研项目立项、研发新型科研产品以及开发教学新素材。这种合作模式有助于推进产学研一体化进程，充分发挥双方的优势与资源，形成互利共赢的良性循环。

二、校企合作下的人文教育与技能教育探索

校企合作教学模式作为推动高校教育改革的重要动力，能够有效促进人才培养与社会需求的对接。在此模式下，高校不仅能够提高人才培养的质量，还能为企业输送符合市场需求的优秀人才。这一模式为高校的发展注入了新的活力，然而在其实际应用过程中，仍然暴露出人文素质教育缺失的问题。这一缺失不仅导致了学生心理健康问题的增加，还可能引发道德失范和社会价值观的迷失，对学生的社会适应能力产生消极影响。为应对这一挑战，有必要充分利用校企合作的平台，积极探索技能教育与人文素质教育的有效融合。此举将有助于提升学生的实践应用能力，同时促进其良好品质和道德修养的培养。在校企合作的背景下，通过多元化的实践活动，学生能够在真实的工作环境中感受到人文精神的熏陶，增强其对社会责任的认知，从而在职业发展中更好地发挥自身价值。

人文素质教育不仅是高等教育的核心任务，也是学生全面发展的重要组成部分。在校企合作的实施过程中，教育者应重视人文素养的培养，使学生在专业技能与人文素质之间实现平衡。通过建立多维度的人文教育体系，学生的道德判断能力、社会适应能力和心理健康水平将得到有效提升。这种综合素质的培养，不仅满足了社会对高素质人才的迫切需求，也为企业的可持续发展奠定了坚实的基础。

校企合作的深化，促使高校在人才培养过程中不断调整和完善教育目标。通过将人文素质教育与技能培训相结合，高校能够更好地培养既具备专业技能，又具有人文情怀的复合型人才。这一转变不仅是时代发展的要求，也是教育现代化进程中的必然选择。在这一过程中，高校应当充分发挥校企合作的优势，致力于培养具备卓越实践能力与人文关怀的优秀人才，为推动社会的和谐发展贡献力量。

（一）校企合作下大学生人文素质教育的内涵

在当前教育体系中，大学生的人文素质教育被视为培养全面发展的优秀人才的重要环节。高校不仅应关注学生的专业技能培养，还需重视学生的道德素养与人文精神的塑造。通过校企合作，可以有效实现高等教育与社会需求的对接，以确保学生在技能与人文素养方面的全面发展。

校企合作的实施为人文教育提供了实践平台，促进了理论与实践的有机结合。在这一框架下，教育工作者应致力于将人文教育与技能教育融合，培养学生的道德观、责任感和社会意识。通过实践活动，学生能够在真实的工作环境中体会人文精神的重要性，增强其社会责任感，从而实现全面素质的提升。

人文素质教育的目标是塑造健全的人格与高尚的道德品质。在这一过程中，应用技能的培养作为高校人才培养的主线，需与人文素质的教育并行推进。通过系统的培训与实践，学生的动手能力、创新能力及职业素养将得到有效提升，而这一过程同时促进了学生人文素质的培养。将人文素质与专业技能相结合，不仅有助于学生在职场中取得成功，也为他们的全面发展奠定了基础。

校企合作的本质在于高校人才培养目标与企业需求的结合。通过加强对学生人文素质的培养，高校能够更好地实现育人目标，满足企业对高质量人才的需求。在这一过程中，技能教育与人文教育的融合为企业与高校的深度合作提供了重要保障，形成了双赢的局面。这一模式不仅促进了学生的全面发展，也为企业的可持续发展注入了新活力，进一步推动了社会整体素质的提升。

（二）校企合作下人文教育与技能教育的融合

1. 构建人文素质与技能教育融合的动态机制

在当代高等教育体系中，培养具备全面素质的复合型人才已成为教育的

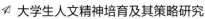

核心目标。高校不仅要注重学生职业技能的提升，还应加强思想品德、心理健康、职业素养与创新精神的培养。人文素质教育在此过程中具有不可替代的作用，是学生综合素质能力发展的重要保障。高校在校企合作的框架下，应通过构建健全的人文教育机制，将人文素质教育与技能教育有机融合，形成全方位的育人体系。

为实现这一目标，高校与企业应共同制定人才培养方案，以确保教育内容与实际需求的紧密对接。通过对社会人才需求的深入调研，学校可以更准确地把握社会和企业的用人标准，从而调整课程内容和教育模式。与此同时，企业的参与为学校提供了真实的行业需求信息，有助于人才培养方案的及时更新。该方案应随社会发展及企业需求的变化进行动态调整，以确保培养的学生能够适应不断变化的就业环境，并具备较高的职业竞争力。

动态机制的建立，使得高校在人才培养中始终保持与社会需求的同步，实现了教育质量的持续提升。通过校企双方的密切合作，教育方案得以灵活调整，使学生在获得专业技能的同时，也具备了良好的人文素养和创新能力。这不仅满足了社会对高素质人才的需求，也为学生的职业发展提供了广阔的空间和强有力的支持。

2. 构建多元化"双师型"教师队伍

在人文素质教育与技能教育相融合的进程中，教师队伍的建设成为关键要素。高校通过打造多元化的"双师型"教师队伍，能够有效保障教育质量的提升，并促使学生全面发展的目标得以实现。在校企合作的框架下，推动"双师型"教师队伍建设具有深远意义。首先，教师与企业技术人员的协同工作有助于打破传统人事体制的局限，促进专业实践与理论教学的高度融合。高校教师通过企业实践提升自身的专业技能，同时能够为企业技术难题提供理论支持，这不仅增强了教师的实践能力，也提升了企业在技术上的竞争力。与此同时，企业技术人员参与高校教学则能够使学生更直接地掌握实际操作技能，缩短理论与实践之间的距离。

在教学环境的设计上，高校应注重以企业实际生产标准为依据，构建以真实生产工序和生产线为基础的教学模式。这种模式不仅能够提升学生的实践能力，还能为他们提供一个与实际工作环境接轨的平台，从而提高其职业适应性。

教师队伍的素质提升不仅限于专业技能，还应注重人文素质的全面提升。教师的人文素质对学生的价值观、道德观以及行为规范起着潜移默化的影响，因而，加强教师的人文修养至关重要。通过对教师人文素质的培养，能够进一步引导学生在人文精神和社会责任感方面的发展。

教学理念的转变是另一个关键环节。教师应积极探索和创新教学方法，采用先进的教学手段，将人文素质教育有机融入技能教育中。通过创新性的教学模式，能够更加有效地实现人文教育与技能教育的结合，使学生不仅具备职业技能，还能够在未来的职业发展中展现出高度的社会责任感与人文素养。

3. 在专业实训与实践中推进人文素质教育的有机融合

在专业实训与实践教学中，不仅能有效提升学生的职业技能，还为人文素质教育的融入提供了广阔空间。在实训过程中，学生不仅应专注于掌握专业操作理论和技术流程，更需要在实际操作中培养积极的工作态度、协作精神以及稳定的心理素质。职业技能的培养与人文素质的养成应实现同步发展，通过实训引导学生将技术与态度有机结合，促进职业素养的全面提升。在此过程中，教师的角色不仅限于技术指导者，更是人文精神的引领者。通过结合实训内容，教师可以适时引导学生思考技术背后的社会价值与历史意义，激发学生对行业的热情与责任感。在讲解专业技能的同时，融入国家工业发展历程及其对社会进步的贡献，能够增强学生的社会责任感，提升其文化认同感与民族自豪感。

实训作为校企合作模式中的重要组成部分，在培养学生实践能力的同时，通过实践场景中渗透人文素质教育，有助于实现职业技能与人文精神的

双向提升。这一模式不仅为学生未来的职业发展奠定了坚实的基础，也为高校人才培养质量和企业用人标准的对接提供了有力保障。

4. 融合校企文化，促进校园文化建设与人文素质提升

校园文化的建设在高校中起着至关重要的作用，尤其在校企合作的背景下，文化的双向融通对学生的人文素质培养具有显著影响。通过校企文化的有机融合，高校可以在专业教育的基础上，全面提升学生的道德情操与社会责任感。在这一过程中，高校应积极传承与发扬传统文化，引导学生在继承工匠精神与培养人文情怀的同时，树立对国家的深厚认同感。这种文化的传承不仅能够丰富学生的精神世界，也能在潜移默化中增强其爱国意识与社会责任感。

此外，优秀的企业文化应融入校园文化的建设中。企业文化所体现出的团结协作、自律创新、艰苦奋斗等精神特质，能够为学生提供学习与借鉴的榜样。通过将这些文化理念引入校园，学生可以在实践中培养团队精神和创新思维，这对其未来职业生涯具有深远影响。

校园文化建设还应注重人文素质的内涵发展，通过组建专业的文化团队以及组织学生参与社会公益活动，增强其社会责任感和集体意识。同时，邀请社会各界的优秀人才进行分享与讲座，能够为学生提供多元化的文化熏陶，开阔其视野，并促使其在思想道德、社会责任等方面得到提升。

参考文献

［1］常潇璐. 高校通识教育中的人文课程设计研究［D］. 咸阳：西北农林科技大学，2012：13.

［2］陈淑梅. 中华优秀人文精神及其传承与发展［J］. 中学政治教学参考，2020（18）：31-32.

［3］陈新汉. 论价值世界构建活动中的人文精神［J］. 天津社会科学，2019（4）：4-13.

［4］陈新汉. 社会自我批判中的人文精神［J］. 江西社会科学，2020，40（12）：5-13.

［5］崔岚. 高校思政课程建设与大学生人文精神培养［M］. 北京：北京工业大学出版社，2020.

［6］丁为祥. "思则得之"：儒家人文精神的确立与拓展［J］. 社会科学战线，2019（10）：36-46.

［7］董希平. 宋词的都市人文精神［J］. 人民论坛，2019（21）：142-144.

［8］窦坤. 自然科学中的人文精神——以熵增加原理蕴含的道德行为规范为例［J］. 人文杂志，2020（3）：16-20.

［9］高鹏，毛峰. 儒家人文精神与中国教育［J］. 思想政治课教学，2021（1）：4-8.

［10］高松. 通识教育在高校大学生人文精神培养中的作用［J］. 开封教育学院学报，2014，34（4）：78-79.

［11］郭齐勇. 中华人文精神的重建以中国哲学为中心的思考［M］. 北京：

北京师范大学出版社，2011.

[12] 郭彤梅，杨婕筠，甄珠，等. 社会实践在大学生角色社会化中的功能分析 [J]. 教育理论与实践，2019，39（27）：38-41.

[13] 韩宁. 论通识教育在大学生人文精神培养中的作用 [D]. 沈阳：辽宁大学，2013：11.

[14] 胡钰. 中华人文精神的内涵与传播 [J]. 当代传播，2022（2）：4-10.

[15] 黄延梅. 学术讲座对大学生人文精神影响研究 [D]. 厦门：厦门大学，2014：18-21.

[16] 李建周. 王朔与"人文精神讨论" [J]. 当代文坛，2022（3）：72-78.

[17] 刘杰. 短视频内容人文精神危机解析 [J]. 传媒，2022（22）：51-52.

[18] 刘斯荣，王林淇. 纪念性场所表达人文精神的景观营造设计 [J]. 建筑结构，2020，50（23）：153.

[19] 马海燕. 中国当代大学生人文精神培育研究 [D]. 沈阳：辽宁大学，2020：12-15.

[20] 彭纪南，黄理稳. 科学精神与人文精神的融汇 [M]. 广州：华南理工大学出版社，2001.

[21] 钱激扬. 论当代英国女性主义戏剧的现实主义风格与人文精神 [J]. 国外文学，2020（2）：61-69＋157-158.

[22] 任莉莎. 高校人文环境塑造方式研究 [D]. 郑州：郑州大学，2012：9-13.

[23] 沈方华. 中国现当代文学教学与大学生人文精神培育的研究 [J]. 大学，2024（3）：27-30.

[24] 佟卓. 新时代大学生人文精神培育研究 [D]. 长春：长春师范大学，2019：20-24.

[25] 王化学. 人文精神力量与中华民族理统——试从国学角度论析之 [J]. 山东社会科学，2022（10）：68-74.

[26] 王伟. 科学精神和人文精神的理念与实践 [M]. 成都：电子科技大学

出版社，2005.

[27] 王文佳. 当代科学精神与人文精神的融通 [J]. 思想战线，2011，37（S1）：213.

[28] 王永炎，王燕平，白卫国，等. 人文精神在信息智能时代的价值观 [J]. 中国中医基础医学杂志，2019，25（6）：717＋757.

[29] 徐朝晖. 人文精神是师范教育的重要向度[J]. 高教发展与评估，2021，37（6）：75-81＋122-123.

[30] 徐琳，周建华，黎慧华. 构成高校人文环境的景观元素分析 [J]. 山西建筑，2007（12）：34.

[31] 徐甜. 对中国现当代文学教学与大学生人文精神培育的探究[J]. 亚太教育，2016（31）：129.

[32] 杨本华. 夷夏之辨的人文精神与中国儒道佛文化格局的形成[J]. 广西民族研究，2019（5）：102-111.

[33] 杨巧智. 人文精神在校园文化建设中的作用 [J]. 佳木斯职业学院学报，2014（8）：191.

[34] 姚鲲. 论高校校园文化景观与校园人文环境建设 [J]. 美术教育研究，2014（13）：58.

[35] 袁建军. 礼乐中的人文精神刍议：由《韶乐》说起 [J]. 南京艺术学院学报（音乐与表演），2024（2）：97-101.

[36] 张立文. 李退溪人文精神的现代价值 [J]. 学术月刊，2022，54（2）：5-14.

[37] 张敏. 现代视野中人文精神的建构[M]. 南昌：江西人民出版社，2017.

[38] 赵法生. 殷周之际的宗教革命与人文精神 [J]. 文史哲，2020（3）：63-77＋166.

[39] 赵玉萍. 当前高校大学生人文精神培养研究 [D]. 沈阳：辽宁大学，2019：31.